화성을 지킨 사람들

천천히읽는책_40

화성을 지킨 사람들

이창숙 지음

펴낸날 2020년 3월 16일 초판1쇄 | 2021년 11월 1일 초판3쇄
펴낸이 김남호 | 펴낸곳 현북스
출판등록일 2010년 11월 11일 | 제313-2010-333호
주소 07207 서울시 영등포구 양평로 157, 투웨니퍼스트밸리 801호
전화 02)3141-7277 | 팩스 02)3141-7278
홈페이지 http://www.hyunbooks.co.kr | 인스타그램 hyunbooks
ISBN 979-11-5741-197-9 73910

편집 전은남 노계순 | 디자인 김홍비 | 마케팅 송유근 함지숙

글 ⓒ 이창숙, 2020

이 책은 저작권법에 의하여 보호를 받는 저작물이므로 무단 전재 및 복제를 금지하며,
이 책 내용의 전부 또는 일부를 이용하려면 반드시 저작권자와 현북스의 허락을 받아야 합니다.

 주의 종이에 베이거나 긁히지 않도록 조심하세요. 책 모서리가 날카로우니 던지거나 떨어뜨리지 마세요.

세계 문화유산

화성을 지킨 사람들

이창숙 지음

글을 시작하며　　조선 성곽의 꽃, 화성　　　　　8

무너져 가는 화성을 살리자!

화성 훼손의 역사　　　　　　　　　　　18

화성 복원의 시작　　　　　　　　　　　37

역사의 죄인이 될 수 없다　　　　　　　54

네 개의 인공 호수　　　　　　　　　　　62

시장님을 고발합니다　　　　　　　　　70

팔달산에 터널을 뚫는다고요?　　　　　77

화성을 화성이라 부르지 못하고　　　　83

세계 문화유산으로 만들자!
비행기 타고 프랑스로   **90**

최후의 필살기, 의궤   **98**

화성이 세계 문화유산이 된 이유   **106**

굽이굽이 화성 살피기
천년만년 길이 빛날 화성   **115**

글을 마치며 완전 복원의 길   **133**

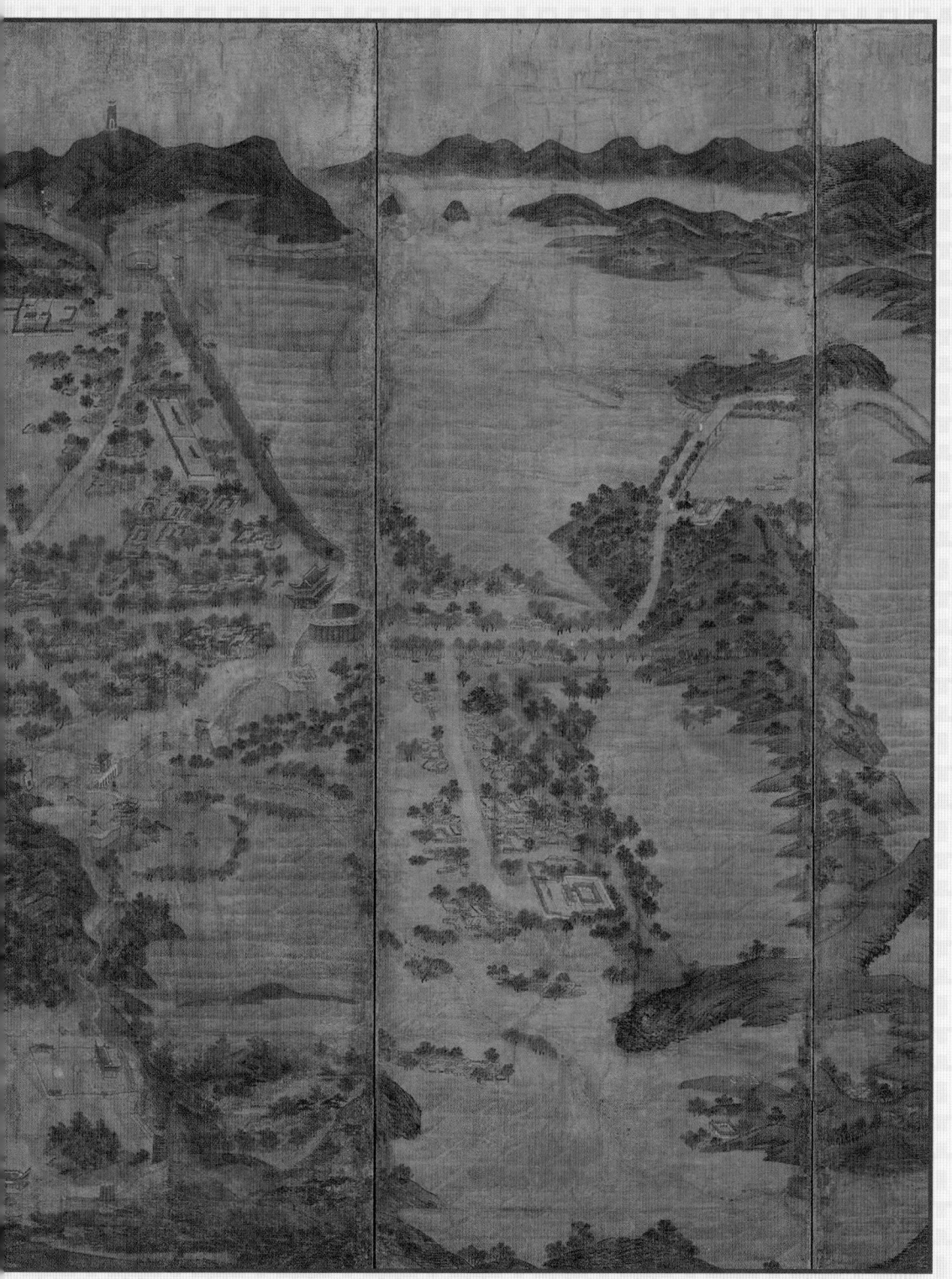

화성 전도 6폭 병풍

조선 성곽의 꽃, 화성

　수원 화성에 가 본 적이 있나요? 한 해에 400만 명이 넘는 사람들이 수원 화성을 보러 옵니다. 팔달산에서부터 시내에 걸쳐 구불구불하게 세워진 성곽과 네 개의 서로 다른 대문, 그리고 아름답고 웅장한 화성 행궁을 보면 감탄이 절로 나온답니다.
　나는 화성이 훤히 내려다보이는 언덕에 있는 고등학교에 다녔어요. 그렇지만 처음부터 화성이 내 마음속에 다가왔던 것은 아니에요. 고등학교 3학년 때 담임 선생님은 틈날 때마다 화성에 관해 설명하며 우리를 데리고 화서문에서 장안문까지 쓰레기를 주우러 다녔어요. 하지만 나와 친구들은 화성에는 조금도 관심이 없었답니다. 우리에게 화성은 언제나 그곳에 서 있는 오래된 돌담일 뿐이었고 화서문이나 장안문, 화홍문은 그냥 커다란 대문에 불과했으니까요. 남문도 북문도 서문도 동문도 서로 어떻게 다른지 모른 채 불평만 늘어놓았습니다.

"여기까지 누가 쳐들어온다고 성은 쌓고 난리람."
"그러게. 쓰레기 줍느라고 우리만 고생이네."

당시 화성 행궁은 다 사라져서 그 자리에는 엉뚱한 건물들이 들어서 있었습니다. 10월이면 정조 대왕의 능 행차를 시연하는 화홍문화제가 열렸지만 원하는 사람만 참가했었는지 나에겐 별다른 추억이 떠오르지 않아요. 한참 세월이 흐른 뒤 동화 작가가 되어 화성에 대한 글을 쓰면서 그제야 화성에 관심이 가기 시작했습니다.

경기도 수원에 있는 조선 시대 성곽인 화성은 수원시 팔달구와 장안구에 걸쳐 쌓은 5.74킬로미터 길이의 평산성입니다. 평산성이란 산과 평지를 이어서 쌓은 성을 말해요. 정조의 명을 받은 실학자들이 과학적인 신기술을 활용하여 이전의 성곽에서는 볼 수 없었던 창의적인 방어용 시설을 많이 넣어 쌓은 웅장한 성이지요. 팔달산 아래에는 600여 칸에 이르는 궁궐도 있었습니다. 그곳을 화성 행궁이라고 합니다. 화성은 성문 밖에 동그랗게 쌓은 옹성, 성문, 암문, 산대, 체성, 성의 일부를 밖으로 돌출시킨 치성, 적대, 포대, 위급한 상황을 알리는 봉수대 등을 두루 갖추어 한국의 성곽 건축 기술을 집대성한 성으로 평가받고 있습니다. 조선 성곽의 꽃이라 불리는 화성은 흙으로 쌓는 토성과 돌로 쌓는 석성의 장점만을 살려 축성되었다는 평가도 받고 있지요.

열한 살에 참혹하게 아버지를 잃은 뒤 수차례 죽을 고비를 넘기고 왕이 된 정조. 아버지 무덤을 양주에서 수원 화산으로 옮기고 성을 쌓으며 다짐했던 결심들, 왕의 자리에 있는 동안 총 열세 번이나 원행에 나설 만큼 각별했던 아버지에 대한 효성과 화성에 대한 애착, 수원 백성에 대한 사랑이 곳곳에 배어 있습니다. 정조는 성 쌓는 공사를 하는 일꾼들에게 최초로 임금, 즉 일한 대가를 지급했습니다.

"승려들과 백성들을 데려다 무료로 일을 시키면 됩니다."

대신들이 이렇게 말했지만 정조는 반대했어요.

"반나절만 일해도 일한 만큼 돈을 주겠다."

일을 시키고 돈을 주는 게 당연한 것 아니냐고요? 물론 지금은 당연한 일이지만 당시에는 그렇지 않았습니다. 조선뿐만 아니라 어떤 나라도 백성에게 일을 시키고 돈을 주는 왕은 없었어요. 왕이 시키면 무조건 나와서 무료로 일을 해야 했고 자기가 먹을 밥까지 싸 가지고 와야 했지요.

그런데 정조는 자신의 개인 금고까지 열어서 일꾼들에게 임금을 주었어요. 추운 겨울에는 방한복과 털모자를 나눠 주기도 했고요. 지금은 누구나 쓸 수 있지만 당시 털모자는 벼슬아치들만 쓸 수 있는 귀한 물건이었습니다. 또 여름에는 더위에 지친 일꾼들에게 '척서단'이란 약을 내려 주기도 했어요. 화성 행궁 근처에 의원을 설치해 다치거나 아픈 사람을 치료해 주기도 했고요. 소 30여 마리를 화성 공사 현장에 데려와 사람 대신 힘든 일을 시키기도 했습니다. 이 소들은 화성을 다 쌓은 뒤 화성 옆 대형 농장인 대유둔으로 데려가 농사를 돕도록 했어요.

정약용을 시켜 거중기와 유형거 등을 만들게 한 사실은 여러분도 잘 알고 있지요? 당시로서는 최첨단의 과학적 공법들을 총동원하여 화성을 단 2년 9개월(1794년 1월부터 1796년 9월까지) 만에 쌓을 수 있었던 것입니다. 원래 10년이 걸릴 거라고 예상하면서 극구 반대한 대신들도 많았어요. 그런데 단 한 명도 죽은 사람 없이 공사를 단기간에 마무리한 거예요.

백성들은 단지 돈을 받는다는 사실보다도 사람대접을 받는다는 자부심에 더욱 열심히 일했을 거예요. 화성이 완공된 뒤에는 공사에 참여했던 관리뿐 아니라 천민 출신 장인들 이름까지도 《화성성역의궤》라는 책에 모두 실었습니다. 당시 백성 중에는 이름이 없는 사람들도 많았습니다. 그래서 《화성성역의궤》에 보면 혹이 있어서 혹부리, 착하다고 선한노미, 키가 크다고 큰노미, 키가 작거나 나이가 어리다고 자근애 등등 그 사람의 특징이 이름이 된 경우도 많아요.

부드러운 곡선 형태의 화성 성곽

    화성이 1997년 12월 유네스코 세계 문화유산으로 등재되었다는 사실은 여러분도 알고 있지요? 1995년 불국사와 석굴암, 해인사 장경판전, 서울 종묘가 세계 문화유산에 오른 뒤 창덕궁과 함께 수원 화성이 우리나라에서는 다섯 번째로 세계 문화유산 목록에 이름을 올렸습니다. 화성이 완공된 지 막 200년이 지난 때였습니다. 유네스코 세계 문화유산에 등재됨으로써 화성은 우리나라뿐 아니라 전 세계적으로 유명한 곳이 되어 많은 사람이 방문하고 있어요. 화성의 모습을 한번 볼까요?

웅장하게 서 있는 화서문

신비로운 분위기의 창룡문

일곱 개의 홍예가 인상적인 화홍문

화성 행궁의 겨울 풍경

그런데 화성은 정조 때 완공된 뒤 부서지지 않고 원래 모습 그대로 보존되어 왔을까요? 그래서 유네스코 세계 문화유산으로 손쉽게 지정되었을까요? 전혀 그렇지 않습니다. 화성이 사라져 버릴 뻔했던 위기는 수없이 많았답니다. 그럼 어떻게 성곽과 행궁을 축성 당시 모습 그대로 복원하여 지금의 모습을 갖추게 되었을까요? 그때 성을 쌓았던 사람들은 모두 죽고 없는데 말이에요.

자, 지금부터 그 이야기를 들려줄게요.

화성 훼손의 역사

동문은 도망가고
북문은 부서지고
서문은 서 있고
남문은 남아 있네

　1960년대에 수원 아이들이 불렀던 노래예요. 정말로 1970년대 중반까지 동문인 창룡문은 무너져 흔적도 없었고 북문인 장안문은 폭격으로 한쪽이 날아간 상태였습니다. 성벽도 무너진 곳이 많았고요. 그나마 서문인 화서문과 남문인 팔달문만 간신히 남아 있었지만 역시 온전한 모습은 아니었습니

부서진 동북공심돈과 노대

파괴되어 형체만 겨우 남은 봉돈

1950년대의 장안문

1950년대의 창룡문

다. 화성은 아주 심각하게 부서지고 훼손된 채 전쟁이 끝난 뒤에도 오랫동안 방치되어 있었습니다.

화성은 언제부터 이렇게 훼손되기 시작했을까요? 성이 완성되고 난 뒤 1800년대 말까지는 비교적 잘 보존되었습니다. 정조가 죽은 뒤에도 순조, 헌종, 고종이 화성 근처에 있는 사도 세자와 정조의 능인 융릉, 건릉을 자주 찾아갔거든요. 자신들의 아버지, 할아버지, 증조할아버지였으니까요. 한양에서 융건릉에 다녀오려면 최소한 며칠이 걸렸으니 화성 행궁에서 머물러야 했어요.

평상시 화성 행궁은 수원 유수부, 지금으로 말하면 수원 시청으로 사용되다가 임금이 행차할 때면 그곳에 머물 수 있도록 준비했습니다. 그래서 당연히 행궁도 성곽도 계속 수리하여 보존되고 있었던 것이죠. 하지만 일본이 우리나라를 침략하고 난 뒤부터 사정은 눈 깜짝할 사이에 달라졌어요. 화성은 심하게 훼손되기 시작했습니다.

◈ 일제 강점기의 훼손

일제는 1910년 을사늑약을 체결하자마자 곧바로 '조선 읍치성 철거 시행령'을 발동했습니다. 겉으로 내세운 이유는 하수도를 만든다거나 도로를 정비한다거나 새 건물을 짓는다는 것이었지만 다른 속셈이 있었지요. 바로 우리의 민족정신을 없애 버리기 위해 성곽과 행궁을 파괴하는 법을 만든 것입니다. 그 결과 전국 300여 곳의 읍성이 하나둘 철거됐고 서울의 경복궁과 창경궁, 경운궁, 경희궁 등도 훼손되기 시작했어요. 창덕궁은 알 수 없는 화재로 많은 부분이 불타 없어지기도 했지요. 일제 강점기를 거치는 동안 우리나라 궁궐의 90퍼센트 이상이 파괴되었습니다.

조선 시대 궁궐에는 정궁과 별궁과 행궁이 있습니다. 왕과 가족이 거주하면서 정치 활동을 펼친 곳을 정궁이라고 하는데 경복궁, 창덕궁, 창경궁, 경희궁, 덕수궁을 조선의 5대 궁궐이라고 합니다. 국왕이 들어가 거처하는 궁궐들 가운데 으뜸이 되는 궁궐을 법궁이라고 하는데 바로 경복궁을 말하지요. 또 왕과 왕의 가족이 평상시에 살지는 않지만 필요할 때 사용하는 궁궐을 별궁이라고 합니다. 그리고 멀리 행차할 때 머무는 궁을 행궁이라고 하지요. 임금이 먼 곳에 갔을 때 아무 집에서나 잘 수는 없으니까요. 물론 평상시에는 비워 두는 것이 아니라 관청으로 이용한다고 앞에서 말했지요?

팔달산 밑 화성의 중심부에 자리한 화성 행궁은 정조가 아버지 무덤인 현륭원에 갈 때 임시로 머물거나 전쟁 때 피신하기 위해 만들어진 궁궐입니다. 화성 이외에도 강화, 의주, 광주, 온양 등에 행궁이 있었는데 일제 강점기를 거치면서 모두

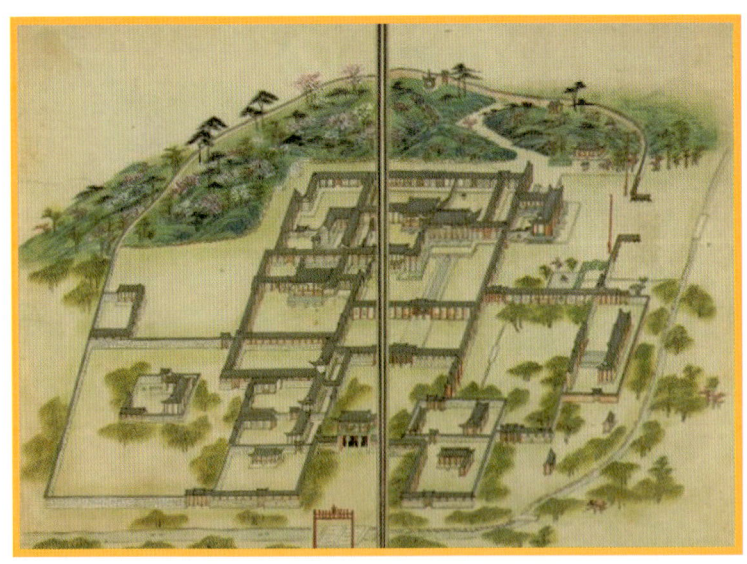

한글본 《정리의궤》 39권에 있는 채색된 화성 행궁 전도

부서졌습니다. 화성 행궁은 과천, 안양, 사근참, 시흥 행궁과 함께 정조가 아버지 사도 세자의 능에 행차할 때를 위해 만든 행궁입니다. 다른 행궁들의 규모가 100여 칸이었던 데 비해 화성 행궁은 579칸의 정궁으로 조선 행궁 중 가장 크고 아름다웠습니다. 정당인 봉수당이 69칸, 내당인 복내당이 67칸, 정문 신풍루가 27칸, 집사청이 83칸으로 한양의 정궁과 비교해도 손색이 없을 정도였습니다.

일제는 서울의 다른 궁궐들과 마찬가지로 화성 행궁 역시 철저하게 훼손하기 시작했습니다. 더구나 화성은 정조의 효성과 백성에 대한 사랑이 고스란히 남아 있는 성이었기 때문에 일제의 눈에는 반드시 파괴해야 하는 곳이었을 겁니다.

일제는 가장 먼저 화성 행궁의 정당인 봉수당 자리에 자혜의원이라는 병원을 차렸습니다.

자혜의원은 '조선의 불쌍하고 무지한 백성들에게 일본이 은혜를 베풀어 준다'는 의미의 병원이에요. 남의 나라를 침략해 모든 것을 빼앗아 간 주제에 은혜를 베풀다니 듣기만 해도 어이가 없지요? 자혜의원은 1909년에 시행된 칙령에 따라 설립되었습니다. 전주, 청주, 함흥을 시작으로 수원, 공주, 광

1910년 자혜의원으로 사용된 봉수당과 1920년대에 새로 지은 자혜의원

주, 대구, 진주, 해주, 춘천, 평양, 의주, 경성 등지로 계속 늘렸는데 1942년에는 전국에 무려 마흔여섯 개나 되었어요. 자혜의원은 러일 전쟁 때 조선에 주둔했던 일본군이 가지고 있던 약과 의료 기구 등을 가지고 세웠습니다. 조선 통감부에서 모든 것을 관장한 일제의 조선 식민 통치 사업의 하나였습니다. 우리나라 사람들을 위한 병원이 절대 아니었다는 것이죠.

수원 자혜의원은 1910년 봉수당에서 처음 진료를 시작했는데 1919년 3월, 독립운동가 김향화를 비롯한 기생 30여 명이 자혜의원 앞에서 3·1 만세 운동을 벌이기도 했습니다. 그 뒤 일제는 1923년에 봉수당을 아예 허물어 버리고 벽돌 건물을 세웠습니다.

이후 일제는 병원을 확장한다면서 화성 행궁을 하나둘 부수고 새 건물을 지었어요. 또 화성 행궁 중 손님을 맞이하던 우화관을 허물고 그 자리에 수원공립소학교를 세웠고 유일하게 남은 건물인 낙남헌은 일제의 군청으로 사용했습니다.

자혜의원은 1990년대까지 이름만 수원의료원으로 바꿔 계속 운영되다가 화성 복원 사업에 의해 2003년에야 정조 당시 건축한 봉수당의 모습으로 바뀌었어요. 늦었지만 제 모습을 찾았다니 그나마 다행이죠?

우화관 자리의 수원공립보통학교(왼쪽) / 일제의 군청으로 사용된 낙남헌(오른쪽)

일제 강점기 이전의 팔달문(위) / 일제에 의해 훼손된 팔달문(아래)

일제가 민족정기 말살을 위해 행궁 앞에 흐르던 명당수의 물길과 유속까지 바꾸고 하천 석축의 폭도 줄였다는 사실이 2006년 경기문화재단 부설 기전문화재연구원의 조사로 밝혀졌습니다. 또 명당수의 돌 쌓기 방식도 우리나라의 전통적인 방식이 아니라 일본식으로 쌓아 원형을 훼손한 것으로 밝혀졌고요. 이는 일제가 수원의 기운을 약화하기 위해 팔달산에서 수원천으로 흐르는 명당수의 물길을 일부러 바꾼 것이라 볼 수 있습니다.

일제는 행궁뿐 아니라 팔달문도 훼손했습니다. 팔달문은 원래 장안문처럼 문루가 두 개의 층으로 되어 있고, 우진각 지붕이었습니다. 우진각 지붕은 지붕면이 사방으로 경사진 지붕이에요. 문 앞에는 옹성을 둘러 적에게 쉽게 공격당하지 않도록 해 놓았지요. 이 같은 사실은 일제 강점기 이전 우리나라를 방문했던 외국인이 찍은 사진에 나와 있어요.

하지만 일제는 1913년 수리 공사를 핑계로 홍예와 여장을 철거하고 말았습니다. 1929년에는 시내 정리라는 이유로 옹성의 우측 부분도 잘라 버리고, 1940년에는 아예 양쪽 성벽도 허물어 버렸지요. 수원 광교산에서 흘러내린 기운이 팔달산으로 오르면 수원에서 영웅이 태어난다는 전설 때문에 일본이 맥을 자르기 위해 훼손했다고 합니다.

화홍문도 1922년 대홍수로 문루와 석축이 파괴되었다가 일제에 의해 복원되었습니다. 그 과정에서 많은 부분을 《화성성역의궤》의 내용과 다르게 엉터리로 복원해서 원형을 잃어버리고 말았습니다.

남수문의 경우도 그렇습니다. 북수문인 화홍문이 일곱 개의 무지개, 즉 홍예를 갖춘 것에 비해 남수문은 그보다 두 개 더 많은 아홉 개의 홍예를 가진 장엄한 수문이었습니다. 아홉 개의 홍예를 가진 다리는 우리나라에는 하나밖에 없습니다. 유교 경전인 《주역》에서 9라는 숫자는 양수 중에서 가장 큰 수이며 꽉 찬 것을 의미합니다. 따라서 남수문은 왕권을 상징했을 것으로 보입니다.

남수문은 화강석으로 수문을 쌓고 쇠살문을 달았으며 수문 위 구멍을 통해 쇠사슬로 수문을 여닫을 수 있도록 했습니다. 수문이라는 기능 외에 아름다움까지 생각한 남수문은 최고의 건축물이라고 할 수 있지요. 그런 남수문이 북수문과 함께 1922년 홍수로 떠내려갔습니다. 일제는 북수문은 복구

했지만 남수문은 그대로 방치했습니다. 그러다가 1927년 팔달문 주변 중심가를 확대한다는 이유로 남아 있던 홍예마저 철거해 버렸어요. 일제가 의도적으로 헐어 건축 및 하수도 석재로 사용했다는 사실이 1927년 7월 20일 자 〈조선일보〉 사설에도 나와 있습니다. 남수문은 90년이 지난 2012년에야 《화성성역의궤》에 따라 원래 모습대로 복원됐답니다.

그 밖에 남암문, 남공심돈, 남동적대 등도 일제 강점기 때 사라져 버렸습니다. 화홍문 안쪽에는 수영장을 만들어 일본인들이 가족과 함께 즐기기도 했습니다.

누각도 없이 수영장으로 변한 화홍문 앞

현판조차 사라진 일제 강점기의 화성 장대

 또 팔달산 정상에 있는 화성 장대의 현판도 일제 강점기 초에 없어졌어요. 화성 장대의 현판은 정조가 직접 쓴 글씨여서 의미가 남다른데 어쩌다 사라지게 되었는지 알 수가 없습니다.
 일제 강점기 때 찍은 사진에는 화성 장대라는 현판이 보이지 않습니다. 화성 성벽의 돌을 빼다가 일본인의 집 축대로 쌓은 경우도 많았다고 하니 화성 장대 현판도 누군가 일부러 가져갔을 수도 있을 테지요.
 화령전의 훼손은 건물 파괴와는 다른 형식으로 진행되었습니다. 화령전은 정조가 죽은 뒤 아버지 묘소인 현륭원에 있던 정조의 어진(초상화)을 가져다 모셔 놓은 곳입니다. 정조의 뒤를 이은 왕들이 자주 찾아 제사를 지냈던, 조선 왕실의 가장 중요한 전각이었습니다. 따라서 수원 유수는 화령전을 매일 둘러보고 그 상황을 조정에 보고해야 했습니다.

그런데 일제는 화령전을 조선 총독부 산하 수원 군청의 집회 장소로 이용했습니다. 정조의 어진도 어느 순간 사라졌고 화령전의 위상은 땅에 떨어졌습니다. 친일파들이 연일 집회를 여는가 하면 돼지고기와 닭고기 등 축산물 품평회를 며칠 동안 열기도 했습니다. 축산물 품평회가 끝나면 기생들을 데려와 춤과 농익 놀이를 벌여 난장판으로 만들었습니다. 화령전의 중심 건물인 운한각은 일본 무술의 하나인 가라테 도장으로 변했으며 화령전과 운한각 편액도 모두 사라졌습니다. 뼈대만 남아 있을 뿐 화령전의 정신은 일제에 의해 철저히 짓밟혔습니다.

무너져 주춧돌만 남은 화성 장대

1950년대의 장안문

무너진 동북공심돈

무너진 성벽

◈ 한국 전쟁으로 인한 훼손

　1950년에 한국 전쟁이 터졌어요. 한국군, 유엔군, 북한군, 중국군 등 군인뿐 아니라 민간인이 많이 희생되어 총 사망자가 150만 명이나 발생한 끔찍한 전쟁이었지요. 2차 세계 대전의 50배가 넘는 포탄이 우리나라 전역에 떨어졌다니 얼마나 참혹했는지 알 수 있겠죠? 수많은 문화재가 불타거나 포탄에 맞아 부서졌습니다. 전쟁이 끝난 뒤 "한국은 원시 시대로 돌아갔다."고 한탄한 미국 장군도 있었어요. 온 나라가 난리였는데 수원이라고 무사할 리 없었겠죠. 더구나 수원은 수도인

전쟁으로 부서진 장안문

서울과 가까웠으니 말입니다. 수원 시가지와 화성 성곽 일대가 전쟁의 격전지가 되었답니다. 그로 인해 화성은 총탄, 포탄, 폭탄을 맞고 몇몇 시설물만 남은 채 대부분 심하게 파괴되었습니다.

화성의 정문인 장안문의 문루 절반이 폭격에 맞아 부서졌습니다. 석축에 홍예문만 남아 한동안 버티고 있었어요. 그런데 전쟁이 끝나고 난 뒤에는 문루 전체가 없어졌고 홍예문도 심하게 부서졌지요. 장안문 벽에는 총탄 자국이 수없이 많았고 주변 성벽도 마찬가지였습니다.

당시의 서문아파트

장안문뿐 아닙니다. 창룡문, 봉돈, 동북공심돈 등도 상당히 많은 부분이 부서졌고 성벽도 곳곳이 무너졌어요.

화성 장대도 일제 강점기에 현판은 사라졌지만 건물 자체는 그대로 유지되고 있었는데 전쟁으로 인해 주춧돌만 남긴 채 폭삭 주저앉아 버렸지요.

전쟁 중에 파괴되지 않은 건축물은 하나도 없었어요. 화서문과 서북공심돈, 그리고 팔달문 정도가 그나마 버티고 있었어요. 물론 이곳들도 완전히 파괴되지 않았다는 것뿐이지 심하게 훼손되기는 마찬가지였지요.

화성은 이런 모습으로 1970년 중반까지 버티고 있었던 것입니다. 선생이 끝난 뒤에 많은 피란민이 수원에 정착했습니다. 집과 땅이 없었던 피란민들은 성곽 주변에 무허가 집을 짓고 살았습니다. 피란민들은 성곽의 구조물들을 빼 가기도 하고 집을 짓기 위해 성벽을 무너뜨리기도 했어요. 화성을 보존해야 한다는 의식이 별로 없었던 공무원들도 성벽 주변에 고층 건물을 짓도록 허가를 내줬지요. 성곽 바로 앞에 서문 아파트라는 공무원 아파트를 짓기도 했고요.

이런 것들은 나중에 화성을 유네스코 세계 문화유산으로

등재하는 데 심각한 걸림돌이 되기도 했습니다. 하마터면 화성을 사라지게 만들 수도 있었는데요, 그 얘기는 차차 하기로 하지요.

그렇게 구제 불능 상태가 된 성곽과 행궁을 어떻게 지금 상태로 돌려놓았을까요? 가만히 앉아서 기다리다 보니 저절로 이렇게 되지는 않았겠죠? 맞아요. 화성을 지키기 위해 자신의 소중한 시간과 재산과 열정을 들여 노력한 사람들이 엄청 많았어요. 그 이야기를 시작해 볼게요.

화성 복원의 시작

　화성 복원의 역사는 아주 깁니다. 모든 건축물은 시간이 지남에 따라 부서지기 마련이니까요. 더구나 목조 건축물은 자연재해나 화재로 원형을 잃기가 쉽습니다. 1848년 폭우로 북수문, 남수문, 매향 석교 등이 무너졌을 때, 처음으로 복원이 이루어졌습니다. 조선 왕실은 이곳들과 함께 화성에 대한 전반적인 수리를 진행했습니다. 그 후로도 화성이 부서질 때마다 보수 공사를 했습니다. 그런데 일제 강점기에는 자연재해가 생겨 화성이 훼손되어도 적극적으로 고치지 않았습니다. 그뿐만 아니라 조선 총독부는 오히려 화성을 의도적으로 파괴합니다. 1922년 대홍수로 수원천 수량을 조절하던 수문

1909년 한국은행에서 발행한 1원권 지폐

인 화홍문과 남수문이 거센 물살에 휩쓸려 부서지고 말았습니다. 화홍문은 대한제국의 화폐에 등장할 만큼 아름답고 뛰어난 조선 최고의 건축물이었기에 안타까움은 더 컸습니다.

"화홍문을 우리 손으로 다시 지읍시다."

수원 백성들은 '수원 명소 보존회'라는 단체를 만들어 화홍문 복원에 나섰습니다. 백성들과 기업인들이 당시 3천 원이라는 돈을 모아 홍수가 난 지 10년 만에 마침내 화홍문 누각을 다시 지었습니다. 그만큼 수원 백성들은 화성을 사랑하고 아끼며 보존하려 애썼습니다. 이후 일제에 의해 행궁과 성곽과 건축물이 훼손되고 전쟁으로 무참히 파괴되는 것을 보는 수원 시민들의 마음은 얼마나 아팠을까요? 정조의 백성 사랑 공간이었던 화성 행궁이 식민 통치 공간으로 바뀌는 것을 바라보며 울분이 생겼지만 저항하기도 쉽지 않았지요. 하지만 수원 시민들은 일제 강점기에도 수원 화성의 시설물들을 지키기 위해 노력했습니다. 서슬이 퍼런 일본 제국주의 경찰들 앞에 모여서 시위를 했다는 기록도 남아 있어요.

그런데 해방이 된 뒤 들어선 이승만 정권은 우리 문화재를 보호하려는 의지가 전혀 없었습니다. 일제가 만든 문화재 관리 법안인 '사적, 보물, 명승, 천연기념물 보호령'을 그대로 유지했습니다.

◈ 정부의 1차 화성 복원

해방 이후에도 화성 성곽과 행궁을 복원해야 한다고 생각하는 사람들이 꾸준히 모여 애썼지만 개인이 하기에는 힘든 일이었습니다. 1949년 화성 행궁 주변 신풍동의 구장(지금의 동장) 김원배를 비롯한 동네 주민들이 화령전을 고치는 공사에 나섰습니다. 600여 주민의 무료 근로 봉사로 2개월 만에 공사를 마쳤습니다.

그 뒤 5·16 쿠데타로 정권을 잡은 박정희는 이승만 정부와는 다르다는 점을 강조하기 위해 '문화재 보호법'을 발표했습니다. 1966년에 화령전을 정비하며 직접 '운한각'의 편액을 써서 설치하기도 했습니다. 하지만 1960년대는 전쟁이 끝난 지 얼마 안 된 때라 문화재를 복원할 만한 경제 상황이 아니었습니다. 1970년대가 되면서 경제 형편도 조금 나아졌고 남한

복원 공사 중인 화성

과 북한의 냉전이 점점 심해지자 정부는 문화재 중에서도 국방 유적지에 대한 복구를 대대적으로 벌이게 됩니다. 아산 현충원을 시작으로 수원 화성도 1975년부터 1979년까지 복원 공사가 진행되었지요. 화성 복원 공사는 《화성성역의궤》를 기본으로 했고, 일제가 식민 지배를 원활하게 하려고 만든 《조선고적도보》로 화성의 실존 형태를 확인했습니다.

  두 책으로 확인하기 어려운 부분은 일제 강점기 때 촬영된 사진으로 보충했고 또 사진으로도 확인할 수 없는 내부 구조는 일제 강점기 수리 도면을 보고 확인하면서 당시 남아 있던 유구(옛날 토목건축의 구조와 양식 따위를 알 수 있는 실마리가 되는 잔존물)를 통해 확인했기 때문에 원형에 가깝게 복원될 수 있었습니다.

일제 강점기의 수리 도면

화성 복원 전과 후

복원 공사 전 화서문

복원한 화서문

복원 공사 전 북수문(화홍문)

복원한 북수문

복원 공사 전 동장대

복원한 동장대

복원 공사 전 서북각루

복원한 서북각루

복원 공사 전 동북공심돈

복원한 동북공심돈

복원 공사 전 북포루

복원한 북포루

복원 공사 전 치성

복원한 치성

전쟁 중 폭격으로 문루가 사라지고 좌우 성벽이 끊어졌던 장안문, 역시 문루가 사라진 창룡문, 옹성의 홍예가 부서진 팔달문, 그나마 보존 상태가 좋았지만 도로로 인해 성벽이 끊어졌던 화서문 등 네 개의 대문을 복원했고 일제 강점기 때 잘못 복원됐던 북수문(화홍문)을 다시 제대로 돌려놨어요. 화성에 있는 다섯 개의 암문 중 복원 대상이 아니었던 남암문을 제외한 네 개의 암문도 고쳤습니다.

서장대인 화성 장대는 전쟁 중 폭삭 무너진 것을 1971년에 다시 지었기 때문에 이때는 부분적인 수리만 했으나 동장대인 연무대는 담장과 삼문이 모두 무너진 상태여서 전체가 복원되었습니다. 그 밖에도 완전히 무너졌던 서북각루와 무너진 터에 파출소가 있었던 서남각루를 비롯한 네 개의 각루, 두 개의 노대, 훼손이 심했던 동북공심돈을 비롯한 세 개의 공심돈을 수리, 복원했습니다. 그리고 포루와 치성 등 다른 시설물도 복원했습니다. 그때 복원하지 않았다면 아마도 화성은 사라졌을 것입니다.

물론 아쉬운 점도 있습니다. 박정희 대통령 때는 개발 논리가 앞설 때였습니다. 무조건 빨리빨리 건물을 짓고 도로를 내야 한다고 밀어붙일 때였지요. 문화재 발굴 복원도 마찬가지였습니다. 경제 성장에 방해되는 문화재는 아예 없애 버리기도 했어요. 박정희는 문화재를 가장 많이 보수한 대통령이기도 하지만 문화재를 가장 많이 파괴한 대통령이기도 합니다. 수원 화성도 마찬가지였습니다. 6개월이라는 짧은 기간 안에 설계를 마쳐야 했는데 지금이라면 있을 수도 없는 일입니다. 지금은 규모가 작은 문화재라 해도 발굴하는 데 몇 년이 걸릴 만큼 신중하게 조사하고 있습니다. 그런데 그때는 발굴도 하지 않은 상태에서 무조건 설계를 마치라고 했고 더구나 근거로 삼아야 하는《화성성역의궤》는 한글로 번역되지 않은 한문 상태였습니다.

의궤의 그림과 실제로 남아 있던 유구의 모양이 다른 경우도 있었습니다. 동북공심돈 같은 경우 책의 그림에는 둥근 모양이었는데 실제 남아 있는 유구는 사방을 둥글린 사각형 모양이었습니다. 이럴 경우 어떻게 복원할 것인지 사회적인 토론과 합의가 필요합니다. 그렇지만 대통령의 명령으로 무조건 기한 내에 설계를 마쳐야 하는 상황이었기 때문에 성을 쌓을 때 사용한 물건 목록의 기록을 보고 퍼즐을 맞추듯이 거꾸

성곽 주변의 집들

로 건물의 모양을 추측해 설계할 수밖에 없었습니다. 그래서 이후에 《화성성역의궤》와 다르게 복원된 것이 아닌가 하는 의심을 산 적도 있어요.

당시 화성 성벽 옆에 붙어서 살고 있던 사람들을 다른 곳으로 이사하도록 했는데 별다른 생활 대책도 없이 내쫓는 과정에서 가슴 아픈 사연들도 많았습니다. 지금이라면 절대 있을 수 없는 일이지요. 그러나 그때는 정부가 무서워 항의 한마디 하지 못하고 쫓겨났습니다. 또 그곳에 살던 사람들에 대한 기록도 남기지 않아 역사에서 이름 없이 사라진 점이 안타깝습니다.

화성 성곽과 건물 복원에 필요한 석재를 사용하는 데도 애를 먹었습니다. 화성 성곽을 쌓을 당시 수원 숙지산 등에서 캔 화강암인 수원 돌을 구하기 어렵고 비슷한 돌을 찾기도 쉽지 않았기 때문이에요. 수원 돌은 다른 지역 화강암과 달리 철분이 많이 들어 있어 시간이 흐를수록 붉은색으로 변하는 특성이 있습니다. 그와 비슷한 성분이 들어 있는 돌을 찾기가 쉽지 않았을 뿐 아니라 수원은 이미 돌을 캐는 채석이 금지돼 있었습니다.

또 화성의 가장 중요한 핵심이라 할 수 있는 화성 행궁을 전혀 복원하지 못했다는 것은 가장 큰 아쉬움입니다. 그 뒤 화성 행궁 복원은 30년 가까이 제자리걸음이었지요. 장안문 근처 북지라는 연못이 있었다는 기록이 있으나 발굴할 시간적, 경제적 여유가 없어 포기한 점도 아쉽습니다. 서장대 뒤편 후당도 복원될 예정이었으나 무산되었습니다. 팔달문 양편 성곽은 일제 강점기 때 끊어진 상태 그대로 복원하지 못해 지금도 연결이 안 된 상태입니다. 하루빨리 복원되어 완전한 화성 성곽의 모습을 갖추게 되길 빌어 봅니다.

　수원 화성은 이렇게 자료에 의해 복원했기 때문에 우리나라 문화재 복원 사업 중 가장 정확한 복원이었다는 평가를 받고 있습니다. 지금도 다른 여러 지방 자치 단체에서 자기 고장의 사라진 읍성이나 문화재를 복원하고자 할 때 수원 화성의 복원 과정을 배우기 위해 수원시를 방문하고 있답니다.

◈ 화홍문화제의 변화

　1960년대 초까지 경기도 청사는 서울 광화문에 있었어요. 지금 들으면 이상하지만 사실 알고 나면 그렇게 이상한 이야기가 아닙니다. 조선 시대부터 일제 강점기까지 서울은 경기도에 포함되어 있었으니까요. 해방 이후 1947년 서울이 '서울특별자유시'로 승격되면서 경기도에서 분리되었어요. 하지만 경기도 청사는 그대로 서울 광화문에 있다가 1967년에야 수원으로 옮겨 가게 됩니다. 수원에서는 1964년부터 경기 도청 건물을 짓기 시작했습니다. 그것을 기념하기 위해 문화제를

경기 도청에서 열린 제7회 화홍문화제

열었는데 화홍문의 이름을 따서 '화홍문화제'라고 했습니다.
  화홍문화제는 도청 기공식이 있던 10월 15일을 기념하고 수원 시민의 날을 축하하기 위해 1964년부터 시작했지요. 처음 화홍문화제는 가장행렬이나 노래자랑 등 다른 지역과 별로 다르지 않은 특색 없는 행사였습니다. 그러다가 1975년 제12회 화홍문화제 때부터 당시 수원의 고등학교 학생들이 참여하여 정조 대왕의 능 행차를 재현했습니다.
  그러다가 1996년 수원 화성 축성 200주년 기념 화홍문화제 때부터 수천 명의 인원과 수백 마리 말이 참여하는 큰 규모로 확대됐습니다. 그때부터 화성이 완공된 날짜인 음력 9월 10일을 양력으로 환산한 10월 10일 전후 3일을 축제일로 정했습니다. 단순히 날짜만 바꾼 것이 아니었습니다. 처음에는 완전히 관청 위주의 행사여서 주민들, 특히 지역 고등학교 학생들을 동원하여 행사를 치렀어요.

그러다가 1995년 6월, 35년 만에 광역 및 기초 단체장 선거가 실시되어 시민이 직접 시장을 뽑게 되었습니다. 그때까지 시장도 도지사도 구청장도 모두 국민이 직접 뽑지 못하고 정부에서 임명했거든요. 원래 우리나라는 민주주의 국가라 직접 선거를 했지만 여러 명의 독재 대통령을 거치며 간선제로 바뀌었어요. 그런데 1987년 민주화 운동으로 국민의 의식 수준이 높아지면서 헌법을 바꾸어 지방 자치법이 부활한 거예요.

시민이 직접 시장을 뽑게 되면서 화홍문화제의 성격도 변하게 됩니다. 관청 중심의 행사에서 점차 수원 시민이 자발적으로 만드는 축제로 바꿔 나간 것이지요. 시민 축제로 화홍문화제를 하면 할수록 수원 시민들은 화성 행궁도 성곽도 건

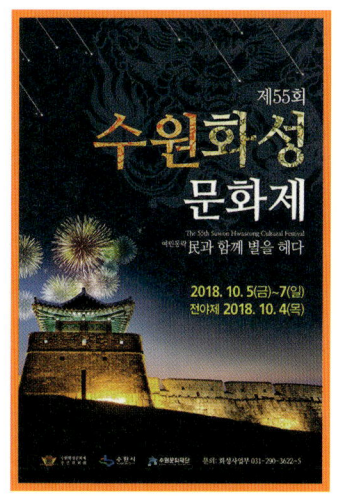

1999년 제36회부터 수원화성문화제로 명칭 변경

축물도 모두 원래 모습대로 복원되어야 한다고 생각하게 되었어요. 그러면서 1999년 제36회부터 문화제의 명칭을 '수원화성문화제'로 바꾸고 정조의 어머니 혜경궁 홍씨의 회갑 잔치인 진찬연을 처음으로 재현했습니다.

이때부터 수원화성문화제는 국제적인 축제로 알려지기 시작했는데 제일 인기가 많았던 것은 역시 정조 대왕 능 행차였지요. 1975년 수원 지역 고등학생들을 참여시켜 어렵게 재현했던 능 행차를 더욱 발전시킨 것입니다. 수원에서만 열렸

정조 대왕의 능 행차 시연

던 능 행차는 2016년부터 서울 창덕궁에서 출발해 배다리를 건너 수원 화성 행궁까지로 재현되었습니다.

그리고 다음 해인 2017년부터는 예전에 정조가 아버지의 능을 방문했던 것과 똑같이 창덕궁에서 수원 화성을 거쳐 융릉에 이르는 59.2킬로미터 전 구간에서 펼쳐지고 있습니다. 2018년에는 정조 대왕 능 행차를 공동 재현한 수원시, 서울시, 화성시가 '2018년 한국관광혁신대상 종합 대상'을 받기도 했습니다. 능 행차의 완성도를 높여 가면 유네스코 인류

무형 문화유산으로 등재될 수도 있을 거예요.

이렇게 문화제를 하면 할수록 화성 행궁을 복원해야겠다는 수원의 뜻있는 사람들의 소망은 더욱 커졌어요.

"행궁을 복원해야 화성의 진정한 의미가 살아나는 거야."

하지만 행궁은 이미 허물어져 다른 건물들이 꽉 들어찬 상태였기 때문에 그 소망은 헛된 꿈 같았어요.

"그게 될 것 같아? 무슨 돈으로 할 건데? 대체 얼마나 많은 돈과 시간이 들겠어?"

그곳에 있는 많은 건물을 철거해야 행궁을 다시 지을 수 있는데 그러려면 엄청난 돈이 필요했습니다. 그곳에서 터를 잡고 살거나 장사를 하던 사람늘은 그곳을 떠나고 싶지 않을 테니 간단한 문제가 아니었지요.

처음에 사람들은 모두 턱도 없는 소리라고 했어요. 하지만 결국 복원이 됐다는 것을 여러분도 알고 있지요? 감나무 밑에 돗자리 펴 놓고 감 떨어질 때를 기다린 것은 결코 아니었을 거예요. 그럼 화성 행궁 복원이 어떻게 이루어졌는지 지금부터 차근차근 알아보도록 해요.

역사의 죄인이 될 수 없다

처음 화성 행궁을 복원해야 한다는 생각을 한 것은 수원 시민들이었습니다. 수원문화원장, 서지학자, 건축학 교수, 환경 운동 단체 회원들, 화홍문화제를 담당하던 사람들 등 여러 사람의 생각을 모아 1987년 수원문화원이 화성 행궁을 복원해야 한다는 의견을 처음 공식적으로 발표했습니다.

"일제에 의해 사라진 화성 행궁을 원래대로 돌려놓읍시다."

1989년 4월 뜻있는 시민들이 모여 화성 행궁 복원에 대한 의견을 교환했습니다. 1989년 5월에는 수원의 향토 사학자

화성행궁도

이승언이 서울대 규장각에서 《원행을묘정리의궤》라는 책에 있는 '화성행궁도'를 찾아냈습니다. '화성행궁도'는 1795년 정조의 어머니 혜경궁 홍씨의 회갑 잔치가 열렸을 당시 화성 행궁의 모습을 전체적으로 그려 놓은 것입니다. 화성 행궁 건물들의 전체 모습부터 잔치 후 화홍문에서 수원 백성들에게 쌀을 나누어 주는 장면까지 행사의 중요한 장면을 판화로 그려 놓았지요. 그 그림을 찾았다는 것은 말로만 전해지던 행궁 전체의 모습을 생생히 볼 수 있다는 것이고 행궁을 복원할 수도 있다는 희망이 생긴 것이었어요. 이후 뜻을 함께하는 사람들 90여 명이 모여 '화성행궁복원추진위원회'(위원장 김동휘 등잔박물관장)를 만들고 1989년 10월 6일, 200여 명이 모여 창립총회를 열었습니다. 이 자리에서 회원들은 갈 길이 멀어도 첫발을 떼었으니 한 발 한 발 나아가자고 다짐했지요. 하지만 바로 그다음 날부터 문제가 생겼습니다.

경기도가 화성 행궁 터 안에 있는 수원의료원을 6층짜리 건물로 높여 종합 의료 센터로 육성할 계획이라고 발표했어요. 깜짝 놀란 행궁 복원 추진 위원들은 가만있을 수가 없었습니다.

우선 캠페인을 벌이기 시작했습니다. 수원 시민에게는 물

1989년의 수원의료원

돈이고 당시 내무부를 비롯한 경기도, 보건사회부, 문화재관리국 등 관계 부서에 진정서를 올렸습니다. 수원 지역 신문에 돌아가면서 화성 행궁을 복원해야 한다는 글을 쓰기도 했습니다. 복원 추진 위원들은 경기도 지사를 하루빨리 만나야겠다고 의견을 모았어요.

"무조건 공사를 중단시켜야 해요."

"맞아요. 일단 공사가 시작되면 되돌리기 어려워집니다."

"하지만 도지사가 우리를 만나 줄까요?"

복원 추진 위원 김동휘, 이홍구, 이종학, 심재덕은 약속도 없이 무작정 도청으로 찾아갔습니다.

"이렇게 갑자기 쳐들어와서 죄송합니다. 하지만 꼭 들으셔야 하는 급한 일이 있어서요."

당시 경기도 지사 임사빈은 찾아온 사람들을 내쫓지 않고 무슨 일인지 귀 기울여 들었어요. 복원 추진 위원들은 왜 화성 행궁 복원이 필요한지 진지하게 설명했지요.

"수원 화성에서 성곽보다 더 중요한 것은 행궁입니다. 행궁이야말로 화성의 핵심이지요. 시일이 걸리더라도 꼭 복원해야 합니다."

"하지만 이미 2억 원이나 들여 설계를 마친 상황입니다."

도지사는 난처한 표정을 지으며 말했습니다.

"지사님, 병원을 증축하면 화성 행궁은 영원히 복원할 수 없습니다."

복원 추진 위원이 말했어요.

"정말 화성 행궁을 복원할 수 있다고 생각하십니까? 돈이 얼마나 들지 생각해 보셨습니까?"

도지사는 황당하다는 표정으로 복원 추진 위원들에게 이

렇게 물었습니다.

"지금 당장은 허황되다고 생각할 수도 있지만 우리 수원 시민이 똘똘 뭉쳐 원하면 반드시 이루어질 날이 올 겁니다."

도지사는 한동안 생각에 잠겨 있었어요.

"우리 시대에 화성이 사라진다면 후손들이 우리를 뭐라고 하겠습니까?"

추진 위원들은 마지막까지 최선을 다해 도지사를 설득했어요.

"역사의 죄인이 되면 안 되죠."

도지사는 결국 전화기를 들었습니다.

"건설국장님, 수원의료원 증축 공사, 전면 중단하세요."

도지사가 이미 결정이 난 증축 공사를 막은 거예요.

"우아!"

복원 추진 위원들은 모두 손뼉을 쳤어요. 당시 도지사의 결단이 없었다면 이후의 화성 행궁 복원은 만만치 않았을 거예요. 어쩌면 행궁은 역사 속으로 사라졌을지도 모릅니다.

복원 추진 위원들은 일단 급한 불은 끈 셈이니 한숨 돌렸지요. 그러면서 어서 빨리 행궁 복원을 추진해야 한다고 다짐했어요. 얼마 뒤 향토 사학자 이승언이 일본에 갔다가 화성 행궁이 사라지기 전, 행궁 전체를 찍은 사진을 발견했습니다. 확실한 사진 증거까지 얻게 된 화성 복원 추진 위원들은 1989년 12월 시민 설명회를 열고 이 사진을 발표했어요.

경기도는 이듬해인 1990년 수원의료원을 성 밖으로 옮겨 새로 짓기로 했어요.

1993년 드디어 화성 행궁 복원을 위한 발굴 조사를 시작할 수 있게 됐습니다. 이미 사라진 지 70년이 지난 터라 유물이나 유구가 발견될지 기대할 수 없는 상황이었습니다. 1994

화성 행궁 터 발굴 현장

년 3월에 화성 행궁지에 대한 유구 및 지표 조사를 했고, 5월에는 수원의료원 건물을 완전히 철거했습니다. 1995년 4월에는 화성 행궁 터가 경기도 기념물 제65호로 지정되는 성과를 거두기도 했습니다. 그해 12월에 1차 행궁 터 발굴 조사를 하게 되었는데 별 성과를 얻기 힘들 거라는 예상과 달리 의외로 여러 유물을 발견하게 되었습니다. 1996년에는 2차 발굴 조사를 하여 어도, 기단석, 각종 유구 등을 발굴하게 되었답니다. 1996년, 드디어 경기도로부터 행궁 복원에 대한 설계 승인을 받아 역사적인 기공식을 하게 되었어요.

네 개의 인공 호수

정조는 화성을 쌓을 때 화성을 중심으로 동서남북에 네 개의 호수를 파고 방죽, 즉 인공 호수를 만들었습니다. 지금과 달리 조선 시대에는 가뭄이 들면 그대로 농사를 망칠 수밖에 없어 많은 사람이 배고픔에 시달렸습니다. 그래서 정조가 화성 주변에 인공 호수를 만든 것입니다.

그중 화성의 북쪽에 있는 호수가 만석거입니다. 만석거는 1795년 3월에 공사를 시작해 5월에 완성되었습니다. 이 주변은 농사도 잘되지 않는 황량한 곳이었는데 방죽을 쌓고 물을 채워 필요할 때는 널판을 열어 물을 내보내고 필요 없을 때는 문을 닫아 물을 모아 놓았습니다. 정조는 화성을 쌓으면서 장

세계 관개 시설물 유산에 등재된 인공 호수 만석거

용영이라는 군대를 설치했는데 그 군대에 근무하는 관리와 병사들의 월급이나 기타 경비를 마련하기 위해 거대한 농장을 만든 것입니다. 그 농장을 대유둔(대유평)이라고 하는데 만석거는 그 대유둔에 물을 대던 인공 호수였습니다. 1795년 조선 전체가 가뭄으로 대흉년이었을 때도 수원의 대유둔만은 만석거의 물을 사용해 풍년이 들었다는 기록이 있습니다.

만석거는 서호에 이어 2017년 10월 멕시코에서 열린 국제

관개배수위원회에서 '세계 관개 시설물 유산'으로 등재될 만큼 훌륭한 관개 시설이에요. 관개 시설이란 농사를 짓는 데 필요한 물을 논밭에 대고 빼는 시설을 말하지요. 만석거는 최신식 수문과 수갑을 설치했고 둘레는 처음 만들 때부터 아름답게 꾸며졌습니다. 주변의 소나무 지대와 연결되어 있었고 호수 주변에는 여러 종류의 나무를 심었어요. 저수지 가운데에 섬을 만들어 꽃과 나무를 심어 가꿨고 호수에는 연꽃도 심었습니다. 호수 남쪽에는 영화정이라는 정자를 세워 주변의 경치를 한눈에 볼 수 있게 했답니다. 정자를 세운 뒤 정조가 방문했는데 아름다운 꽃이 피어 있는 것을 보고 '아름다운 꽃동산의 정자'라는 뜻으로 영화정이라 이름 지었다고 합니다.

그런데 수원 사람들은 만석거라는 이름 대신 '조개죽 방죽'이라 부르는 경우가 많았어요. 이유가 무엇일까요? 방죽에서 조개가 나왔을까요? 바다가 아닌 호수이니 조개가 나왔을 리는 없겠죠? 영화정의 다른 이름은 교귀정이었어요. 화성의 유수(지금의 시장)가 바뀔 때 신임 유수가 이 정자에서 거북이 모양의 도장 반쪽을 가져와 전임 유수의 도장 반쪽과 맞대 보고 교대했기 때문에 그렇게 불렸던 것입니다. 그런데 사람들이

관인을 주고받던 정자 영화정

교귀성을 소귀성으로 살짝 물러서 만석거를 조기정 방죽이라고 했다가 점차 조개죽 방죽으로 변하게 된 거랍니다. 가을에 대유둔의 벼가 누렇게 익어 갈 때면 경치가 더욱 아름다워 석거황운(만석거 주변의 황금물결)이라 하여 화성 8경 중 하나로 꼽기도 했어요.

화성 서쪽에 판 호수는 축만제, 즉 서호라는 호수입니다.

축만제는 1799년에 만들어진 호수로 여기산 밑에 있습니다. 축조될 당시 전국 최대 규모로 조성된 저수지예요. '천년

일제 강점기 엽서에 실린 서호 모습(왼쪽) / 서호 낙조를 볼 수 있는 항미정(오른쪽)

만년 만 석의 쌀을 생산하라'는 뜻을 가지고 있으며, 그곳을 알리는 표석이 현재까지 전해지고 있습니다. 축만제 남쪽에 만든 항미정이라는 정자에서 바라보는 노을은 수원 8경 중 하나로 꼽힐 정도로 아름답지요.

이 서호의 물을 이용하여 서둔의 농사를 지었는데 서둔은 대유둔과 함께 정조가 화성을 건설한 후 수원을 경제적 기반이 튼튼한 자립 도시로 만들기 위해 운영한 국영 농장입니다. 축만제는 2016년 국제관개배수위원회가 정하는 세계 관개 시설물 유산으로 등재되었습니다. 한국의 관개 시설이 세계 관개 시설물 유산으로 등재된 것은 축만제가 처음입니다. 정조 때 가뭄에 대비한 구휼 대책과 수원 화성을 지키는 장용영 군사들의 생계를 위해 지어졌던 점, 신도시 건설과 함께 관개 시설을 만들었다는 아이디어가 혁신적이었던 점, 항미정 건립으로 농경지에 물을 대는 목적을 뛰어넘어 조선 후기 선비들의 풍류와 전통을 즐기는 장소가 됐다는 점이 높이 평가받아 선정되었습니다.

일제도 이곳에 권업모범장을 설치해 농사의 중요성을 강조할 정도로 농업에 중요한 곳이었습니다. 권업모범장이란 1906년 일제 통감부가 일본의 농사짓는 법을 우리나라에 적용하기 위해 세운 기관입니다. 조선 농업의 발전을 위해서가 아니라 자기 나라 농업을 강제로 따라 하라고 권장하기 위한 목적이었던 것이죠. 한마디로 일제 강점기 때 조선에서 식량을 많이 생산해 빼앗아 가기 위해 세워진 일본의 식민지 통치 기관입니다. 해방 후 권업모범장은 농촌진흥청으로 바뀝니다.

또 남쪽 호수는 만년제라 하며 1798년 사도 세자의 능과 가까운 남쪽 지역에 만들었습니다.

동서남북 사방에 둑을 쌓고 그 위에 버드나무와 소나무를

제방을 쌓아 만든 저수지 만년제

심거나 잔디를 심었어요. 하지만 현재 만년제는 잡초만 무성히 자라 있는 형편입니다. 《일성록》과 정조의 일기에 제방의 규모와 축조 방법이 나와 있으므로 다시 복원할 수 있으리라 봅니다.

동쪽 호수인 동제는 아쉽게도 모두 메워 주택을 지었기 때문에 지금은 만들 당시의 형체를 알 수가 없습니다.

이 저수지들은 만들어진 뒤 농사에 많은 도움을 주었는데 1970년대 중반 이후 급속한 산업화 과정에서 생겨난 폐수를 제대로 거르지 못해 심각하게 오염되기 시작했습니다. 악취가 코를 찌르고 물고기들도 죽어 나가는 죽은 호수가 되었지요. 그러자 서호의 줄기인 서호천도 오염되었어요. 수원시는 서호 일대에 철조망을 쳐 놓고 아무도 들어가지 못하게 막았습니다. 서호는 점차 수원 시민들에게서 잊혔고 쓰레기와 폐수가 계속 흘러들어 가면서 완전히 죽은 하천이 되었습니다.

1980년대 들어오면서 환경의 중요성을 깨달은 사람들이 수원 시민들의 고향과도 같은 서호를 살리고 시민에게 돌려줘야 한다는 시민운동을 벌이기 시작했습니다. 서호를 막고 있는 농촌진흥청을 상대로 서호를 시민에게 개방하라고 요구했습니다. 저음에 농촌진흥정은 서호를 개방할 수 없다고 거절했지만 수원 시민들은 꾸준히 캠페인을 벌여 나갔습니다. 드디어 1995년 수원 시장은 농촌진흥청과 협의해 서호를 살리기 위한 정화 사업을 펼치기 시작했고 서호를 시민들에게 개방하게 되었습니다.

뒤를 이어 만석거 공원 공사가 시작되었습니다. 1997년 저수지 일부를 메워 원래 규모보다 많이 축소하여 복원했고 영화정도 원래 위치보다 조금 떨어진 곳에 복원했습니다.

시장님을 고발합니다

　수원 화성을 남북으로 가로질러 내려가는 하천이 있어요. 광교에서 내려온 물이 흘러가는 버드내라는 예쁜 이름의 하천이지요. 예전에 하천 주변에 버드나무가 많아 이런 이름이 붙었습니다. 1950년대에서 1960년대까지만 해도 버드내는 동네 아낙들의 빨래터였습니다.

　버드내의 물은 화성의 융건릉을 거쳐 오산의 독산성 앞으로 흐르다가 평택을 지나 서해로 흘러들어 가지요. 그런데 이 하천이 산업화 시대를 지나면서 관리가 안 돼 심하게 오염되었습니다.

버드내에서 빨래하는 아낙들 (수원화성박물관)

 수원시는 냄새나고 지저분한 하천 때문에 골머리를 앓다가 개천을 복개하기로 했습니다. 복개란 하천 위에 덮개를 씌우거나 시멘트로 메워 버리는 거예요. 그러면 우선 당장은 깔끔해 보일 수 있지만 안에서는 더욱 썩을 수밖에 없겠지요. 수원시는 1991년부터 수원천을 시멘트로 메우기 시작했습니다. 미래에 더 큰 환경적 재앙이 될 수 있겠다고 생각한 수원 시민들은 1994년 시민 환경 운동 단체인 '수원환경운동센터'를 만들고 그 이듬해부터 수원천 복개 공사 반대 운동을 펼쳤습니다. 당시는 1단계 복개 구간의 공사가 완료된 상태였고 2단계 복개 공사가 시작된 때였어요. 이 시기에 수원 지역의 모든 시민 단체가 힘을 합해 '수원천 되살리기 시민운동 본부'를 만들고 수원천 복개 공사 반대 운동을 확대해 나가기 시작했습니다.

"맑은 물이 흐르는 수원천을 만듭시다."
"버드내를 살립시다."

당시 시멘트로 하천을 메우는 복개 공사를 반대했던 사람 중 한 사람인 심재덕이 이듬해 수원 시장에 당선되었어요. 시장이 되자마자 심재덕은 행동에 들어갔습니다.
"수원천을 콘크리트로 덮는 공사를 당장 중단하겠습니다."
하지만 이미 공사가 3분의 1 정도 진행된 상태였기 때문에 반대가 만만치 않았습니다.
"지금까지 들어간 돈이 얼마인데 이제 와 그만둔다는 겁니까?"
"공사를 중단하면 수원 시장이 시민들의 세금을 낭비하는 겁니다."

이렇게 거센 비판을 받았지요. 더구나 수원천 복개는 노태우 대통령 공약 사업으로 추진되던 국책 사업이었거든요.

"누구 마음대로 대통령 공약 사업을 뒤집겠다는 겁니까?"

"대통령보다 시장이 더 높습니까?"

올바른 일인지 아닌지 따지기보다 무조건 진행해야 한다는 사람들이 많았어요. 하지만 시장도, 시민 단체 회원들도 그건 잘못이라고 생각했습니다. 아무리 진행이 되었더라도, 돈이 많이 들어갔더라도, 심각한 문제가 발견되면 즉시 그만두는 것이 더 이상의 피해를 줄이는 길이라고 말입니다. 시민 단체와 시장은 서로 머리를 맞대고 해결 방법을 찾았습니다. 반대하는 사람들 세력이 너무 강해 그대로 밀고 나갈 수가 없었습니다. 이런저런 방법을 찾던 중 환경 운동 단체는 한 가지 방법을 찾아냈습니다.

"시장님을 고발합시다."

그 말을 들은 다른 사람들은 깜짝 놀랐어요.

"네에? 그래도 어떻게 시장님을……. 시장님이 우리와 함께 수원천 복개 공사를 반대해 온 것을 뻔히 알면서 고발을 하다니요."

"하지만 그 방법밖에는 없습니다. 고발해야 일단 공사를 중지할 수 있잖아요. 공사가 더 진행되면 되돌리기는 불가능합니다."

1996년 '수원천 되살리기 시민운동 본부'는 결국 문화재관리국에 '수원천 남수문 터 복개 중지 및 원형 복원 요청'을 탄원하고 시민 서명을 받는 한편 문화재 보호법 위반으로 심재덕 시장을 고발하게 됩니다. 시장도 그 방법밖에 없다고 생각해 흔쾌히 받아들였습니다. 마침내 문화재청은 수원시에 복개 공사를 전면 중지하라는 명령을 내렸습니다. 1단계 복원 사업은 수원천 상류 2.3킬로미터 구간이었는데 1998년 말에 마무리되어 하천이 그대로 드러나게 되었습니다. 2단계 복원 사업은 수원천 하류 3.5킬로미터 구간으로 2001년까지 완료했습니다. 콘크리트로 덮인 지 21년, 복원 공사를 시작한 지 15년 만에 새로운 수원천이 열린 것입니다.

이미 시작했으니 문제가 있어도 강행해야 한다는 주장이 수원천 복원 과정에서는 통하지 않은 거지요. 국책 사업, 대통령 공약 사업이라도 원칙이 잘못됐고 시민이 반대한다면

자연 상태로 복원된 수원천

충분히 재검토해야 하고, 실제 봤을 때 문제가 생길 가능성이 있다면 반드시 공사를 중지하고 원형을 복원해야 한다는 것을 보여 준 귀중한 역사입니다.

지금 수원천에는 얼룩동사리, 밀어, 피라미, 꾹저구, 버들치, 붕어 등의 어류와 논우렁이, 게아재비, 물땡땡이 등 물속에서 생활하는 수서 곤충이 서식하고 있습니다. 또 식재종 꽃창포 등 17종, 귀화종 망초 등 23종, 자생종 닭의장풀 등 55종, 총 95종의 식물이 살고 있지요. 수원시는 경기교 부근에 토종 다슬기 6만 마리를 풀어놓기도 했어요. 다슬기는 하천 안의 찌꺼기를 먹으며 물을 깨끗하게 하는 능력이 뛰어나기 때문입니다.

깔끔한 대리석과 수없이 많이 세워진 인공 조형물, 화려한 조명의 청계천과 달리 수원천은 보행로를 제외하고는 별다른 장식물이 없어요. 작은 시골 하천과 다를 바 없을 정도로 수풀이 우거지고 바닥에도 자갈과 모래가 있는 구조입니다. 이런 하천은 갑자기 많은 양의 오염된 물만 흘러들어 오지 않으면 모래와 자갈, 수중 식물 등으로 자연정화가 돼요. 수원천의 가장 큰 특징이 이처럼 꾸미지 않은 자연 하천이라는 점입니다. 보기에는 화려하지 않지만 하천 스스로 깨끗한 물을 만들 수 있도록 최대한 자연 상태로 복원한 것이죠. 이것이 수원천의 가장 큰 장점이랍니다.

팔달산에 터널을 뚫는다고요?

　1992년 12월 대통령 선거가 있었어요. 대통령 후보 중 한 사람인 김영삼 후보가 수원에 선거 유세를 왔습니다.
　"수원 시민 여러분, 제가 대통령이 되면 팔달산에 터널을 뚫어 수원 시내의 교통난을 해소하겠습니다. 저를 대통령으로 뽑아 주십시오."
　팔달산에 터널을 뚫겠다는 약속이 김영삼 후보의 선거 공약 중 하나였습니다. 442억 원의 돈을 들여 터널 두 개를 뚫겠다는 내용이었지요.
　팔달산을 뚫겠다는 공약이 이때 처음 나온 것은 아니었어요. 그동안 국회 의원 선거 때마다 팔달산에 터널을 뚫겠다는 공약이 여러 번 나왔지만 진행된 적은 없었습니다. 수원 시민들이 반대해 왔기 때문입니다. 팔달산은 수원 시민에게는 어머니의 품과 같은 곳이거든요. 또 엄청난 예산에 비해 실효성이 거의 없는 공사라고 판단했던 것입니다.

늘 뒤에서 든든하게 지켜 주는 팔달산을 망가뜨리는 것에 시민들은 마음이 불편했고 그래서 찬성할 수가 없었습니다. 팔달산은 이전에도 수난을 당할 뻔한 적이 많았습니다. 일제 강점기에 일본 정부는 철도를 많이 건설했어요. 친일파의 말대로 우리나라를 발전시키기 위해서 그랬을까요? 천만의 말

팔달산의 가을 풍경

쓸 만만의 콩떡! 우리 민족을 자기네 편리한 대로 효과적으로 통치하고 우리 자원을 빼앗아 가기 위해서였지요. 우리나라 것을 빼앗아서 등에 지고 일본까지 걸어갈 수는 없잖아요. 그래서 철도를 놓게 된 것입니다. 그중 가장 먼저 만든 철도가 경부 철도였어요. 일본에서 가까운 부산과 서울을 연결해 식민지 지배를 더 잘하기 위해서였지요. 경부 철도를 설계할 때 처음에는 수원 입구 지지대 고개와 수원의 중심인 팔달산을 지나가는 노선으로 만들려 했답니다. 1901년 경부 철도 노선을 설계하려고 수원을 답사한 일본인이 지지대 고개와 팔달산 뒤를 뚫고 나가는 노선이 가장 짧고 좋겠다고 선석을 낸 것이시요.

"팔달산을 훼손하지 마라!"

수원 시민들은 남문 밖에 모여 철도가 지지대와 팔달산을 통과하는 것에 반대하는 시위를 벌였습니다. 팔달산은 정조의 영정을 모신 화령전이 있는 산이고, 지지대 역시 정조가 아버지를 만나고 돌아갈 때 발길이 떨어지지 않았다는 일화와 관련이 깊은 유적이라 대한제국 황실에서도 반대했어요. 결국 철도는 수원 사람들 뜻대로 수원읍에서 서북쪽으로 돌아가도록 설계되었습니다. 경부선은 1905년에 개통되었답니다. 이후 순종은 1908년 경부선 기차를 타고 영조와 정조의 무덤인 융건릉에 왔다가 행궁에 머물지 않고 다시 기차로 하루 만에 돌아갔지요.

이렇듯 일제 강점기에도 시민들이 나서서 막았는데 교통난 해소를 이유로 팔달산에 터널을 뚫는다는 것을 시민들은 이해할 수 없었어요. 당연히 반대할 수밖에요. 시민들은 캠페인도 벌이고 신문과 방송을 통해 꾸준히 반대 의견을 밝혔습니다. 그런데도 김영삼 후보가 대통령이 되자 수원시는 1994년부터 공사를 강행하려 했어요. 하지만 시민들이 너무도 심하게 반대하자 그대로 진행할 수가 없었습니다.

결국 정밀 타당성 조사와 시민 공청회를 거쳐 세부 계획을 세우기로 했습니다. 과연 터널을 뚫었을 때 얼마나 효과가 있을 것인가에 대한 전문가의 조사였지요. 터널을 뚫으면 교통난이 해소될 거라는 결과가 나올 것으로 생각했나 봐요. 아니면 대통령이 하겠다고 내건 공약 사업이니 시민들의 반대가 있더라도 진행해야 한다고 판단한 것이겠지요. 수원천을 콘크리트로 메우는 복개 사업을 할 때와 비슷하지요? 시민들과 시민 단체뿐 아니라 지역 언론들 모두 팔달산 터널 공사에 반대했어요. 1994년 11월 드디어 한국산업개발연구원의 팔달산 터널 타당성 조사 결과가 나왔습니다. 결과는 어땠을까요?

맞아요. "팔달산 터널은 경제성이 없다."고 결론이 나왔어요. 500억 원 가까이 들인 공사로 얻는 이익은 1년에 겨우 20억 원도 안 된다는 예상이었습니다. 팔달산의 환경과 문화재를 파괴하고, 도시의 교통 체증은 나아지지 않고 오히려 더 심해질 거라는 예측이었지요. 타당성 조사를 하면서 수원 시민을 상대로 여론 조사도 했는데 여기에서도 터널 설치에 반대하는 의견이 월등히 많았습니다. 터널을 설치할 경우 팔달산에 미치는 영향에 대해 수원 시민의 85퍼센트가 환경이 파괴되는 것은 물론 이 산을 중심으로 수원의 상징이 된 화성이 훼손될 거라는 답변을 했어요.

그럼 곧바로 팔달산 터널 공사 계획을 없었던 일로 했을까요? 아닙니다. 이런 결과가 나왔는데도 팔달산 공사 계획은 중단되지 않았어요. 그때까지는 지방 자치제가 시행되지 않았을 때라 시민의 의견보다 정부의 눈치를 볼 때였습니다. 역시나 대통령 공약 사항이라 그대로 진행하려는 생각이 강했던 거예요.

이듬해 제1회 지방 자치 단체장 선거가 있었어요. 그야말로 지역 주민들이 단체장을 뽑는 민주주의 제도이지요. 수원에서는 터널 공사를 진행하겠다는 공약을 내건 시장 후보와 터널 공사에 반대하는 공약을 내건 시장 후보가 막상막하로 대결하고 있었습니다. 결과는 터널을 중단하겠다는 무소속 후보 심재덕의 승리였습니다.

"팔달산에 터널은 절대 뚫지 않겠습니다."

시장이 되자마자 심재덕은 팔달산 터널 공사 진행을 전면 중단했습니다. 수원 시민들은 선거를 통해 팔달산을 지키는 쪽을 선택한 거예요.

화성을 화성이라 부르지 못하고

"정조 임금이 지은 이름대로 화성이라고 해야 해."
"수원에 있으니까 수원성이라고 해도 되지 않을까?"
여러분은 어느 말이 맞는다고 생각하나요?

화성이라는 이름은 조선왕조실록에 171회나 나오며 고종, 순종 대에만도 50여 회 나옵니다. 그러다가 일제 강점기인 1911년부터 일제에 의하여 수원성으로 불리게 되었어요. 성의 이름이 수원성으로 바뀐 데에는 어떤 역사적인 이유가 있었던 것이 아닙니다. 수원에 있으니 수원성이라고 일제가 그냥 그렇게 불렀던 거지요. 그러던 것을 우리 정부가 해방 이후에도 아무 반성 없이 이어받아 수원성이라고 불렀던 거예요.

1996년 정부와 수원시는 '수원성 축성 200주년의 해'라는 이름으로 각종 행사를 열고 있었어요. 모든 문화제, 책, 도록, 플래카드, 벽보에 수원성이라고 광고를 했지요. 그런데 1996년 1월 문화재관리국에 화성의 제 이름을 찾아 달라고 청원한 사람이 있었어요. 바로 수원 지역 서지학자 이종학입니다. 청원 글에 따르면 화성이 수원성이라고 잘못 기록된 것은 1911년 조선 총독부 농상공부에서 펴낸 《한국수산지》부터라는 거예요. 일제는 이 책에서 화성을 수원 부성(수원 읍성)이라고 하여 화성이 수원성으로 잘못 불리게 했어요.

　"남쪽에 있는 산을 남산, 북쪽에 있는 문을 북문이라고 하

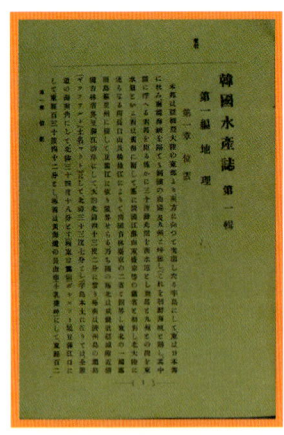

〈한국수산지〉

는 것처럼 수원에 있으니 수원성이라고 부른 것입니다. 그런데 해방 이후에도 아무런 검토 없이 일제 강점기 때의 명칭을 그대로 쓰는 것은 잘못입니다. 꼭 바로잡아야 합니다."

　이것이 이종학의 주장이었습니다. 사실 수원 지역에는 수원 읍성이라는 성이 하나 더 있습니다. 고려 시대에 흙으로 쌓은 토성인데 학계에서는 보통 이 성을 수원성이라고 부릅니다. 수원성이 두 개인 셈이지요. 그러니 화성은 당연히 화성이라 불러야 한다는 주장이었습니다. 1996년 12월 마침내 청원 내용이 관보에 실렸습니다. 관보란 관청이나 공공 기관

수원성 안 민가의 모습

에서 공무원이나 일반인들에게 어떤 사항에 대해 널리 알리기 위해 발행하는 신문이에요. 그 뒤 1998년에 발행된 초중고 국정 교과서에는 모두 화성으로 표기되기 시작했습니다.

그러나 일부 검인정 교과서에서는 여전히 수원성이라고 사용했어요. 이종학은 1998년 4월 교육부와 출판사, 언론사 등에 청원서를 보내 바로잡았지요. 정보통신부가 발행한 '수원성 축성 200주년 기념우표'도 판매 중지 가처분 신청을 했지만 잘못 발행된 우표가 특정한 사람에게 손해를 끼치지 않는다는 이유로 재판에서 패소했어요.

서지학자 이종학은 거액의 자기 돈을 들여 《화성성역의궤》 200질을 실물 크기에 가깝게 영인본으로 제작했어요. 영인본이란 희귀한 옛 책을 연구 자료로 쓰기 위해 복사해서 제본하는 것을 말해요. 이렇게 만든 영인본을 국내 학술 기관에 100질, 다른 나라의 정부, 도서관, 학술 기관에 100질을 각각 기증했습니다. 특히 영어로 번역한 해제와 간행사를 첨부한 《화성성역의궤》를 1997년 6월 프랑스 파리에서 열린 유네스코 집행 이사회에 보내 화성의 유네스코 세계 문화유산 등재를 도왔습니다.

《화성성역의궤》 중 화성전도

 이 《화성성역의궤》 영인본이 화성을 유네스코 세계 문화유산으로 등재시키는 데 큰 역할을 하게 되는 얘기는 나중에 자세히 하겠습니다. 이종학은 수원박물관에 2만 점 이상의 유물과 자료를 기증했습니다. 이 자료는 지금은 수원광교박물관 사운실(사운은 이종학의 호)에 보존되어 있습니다. 그 밖에도 독립기념관, 충무공기념관, 독도기념관 등에 평생 모은 자료를 보내기도 했고 초대 독도박물관장을 지내기도 했습니다. 이런 분들이 바로 화성을 지켜 낸 사람들이지요.

비행기 타고 프랑스로

 1996년 문화재청에서 세계 문화유산 등재 신청을 할 수 있는 후보로 수원 화성을 결정했습니다. 그동안 화성을 세계 문화유산에 등재시키기 위한 수원시와 수원 시민의 부단한 노력의 결과였지요. 사실 처음에는 수원 화성보다는 남한산성이나 보은의 삼년산성을 신청하자는 의견이 더 많았거든요. 등재 신청 후보로 화성이 결정되자 수원시는 곧바로 신청서를 작성하는 작업에 들어갔습니다. 지금은 세계 문화유산 등재 신청서를 문화재청과 유네스코 한국위원회가 맡아서 작성합니다. 그만큼 중요한 일이기 때문이지요.

 1차 서류 심사에서 탈락하면 영원히 세계 문화유산 등재 신청을 할 수 없기에 서류 작성이 굉장히 중요합니다. 하지만 화성을 세계 문화유산으로 등재 신청할 1996년 당시만 해도 수원시가 직접 신청서를 작성해야 했어요. 마침 수원은 화성 축성 200주년 기념사업 준비로 바쁠 때였습니다. 수원시는 담당자를 정해 1994년 종묘를 유네스코 세계 문화유산으로 등재시켰을 때의 신청서를 입수하여 참고한 뒤 초안을 작성했습니다. 그리고 이를 영문으로 번역해 유네스코에 보냈어요.

다행히 서류 심사에 통과됐고 이듬해 국제기념물유적협회에 소속된 스리랑카의 실바 교수 일행이 화성을 실제로 보고 조사하기 위해 수원을 방문했습니다. 실사단의 판단이 등재

화성을 둘러보고 있는 실바 교수

에 제일 큰 영향을 미치기 때문에 수원시는 실사단에게 화성의 우수성을 설명하려 노력했어요.

"역사가 너무 짧은데요."

실바 교수 일행의 말에 수원시는 화성의 여러 건축물을 보여 줬습니다.

"비록 역사는 짧고 규모도 크지 않지만 상당히 과학적으로 지어졌습니다."

수원 시장 말에 실사 단원들은 또 문제를 제기했습니다.

"하지만 모두 파괴되었다가 최근에 복원된 것 아닙니까?"

이때 이종학이 개인 돈을 들여 만든 《화성성역의궤》 영인본을 보여 주었습니다.

"성은 어쩔 수 없이 훼손되었지만 이 성을 쌓을 때 작성한 이 책의 기록대로 똑같이 다시 쌓았습니다."

화성을 꼼꼼히 살펴본 실사단은 긍정적인 결론을 내렸고 한국을 떠나기 전에 언론과 인터뷰를 했어요.

"중국의 문화는 광대한 대륙적 성격이고 일본은 인공미가 강조되는 경우가 많은데 한국은 자연과 융화하는 특징을 가지고 있네요. 한국 건축의 자연스러운 멋이 그대로 보존되어 있는 점을 높이 평가합니다."

실바 교수는 특히 《화성성역의궤》의 의의를 높이 평가했습니다.

"화성의 경우 그 규모는 크지 않으나 화성성역의궤를 토대로 잘 보존돼 있으며 많은 연못, 전각 들이 모두 다른 모양으로 만들어져 자연환경과 균형을 이루고 있는 점이 매우 훌륭합니다."

그리고 또 한 가지를 말했습니다.

"무엇보다 수원 시민들이 성곽에 대해 남다른 애정을 갖고 있는 점을 상당히 중요하게 평가했습니다."

화성 실사단이 떠나고 난 뒤 수원시는 유네스코 등재만을 기다리고 있었습니다. 그런데 1997년 6월 말, 외무부로부터 수원 시장에게 전화가 한 통 걸려 왔습니다.

"유네스코 이사회에서 화성의 세계 문화유산 등재가 유보됐습니다."

함께 심사를 올렸던 창덕궁은 등재 권고를 받았는데, 화성은 등재를 미룬다는 것이었습니다. 유보 결정이 곧 등재 탈락을 의미하는 것은 아니었지만 언제 재심이 이루어질지 알 수 없었고 그러다 흐지부지될 가능성이 컸습니다. 수원 시장은 실망했지만 차분히 대처하기로 했어요.

"파리로 갑시다."

"네? 파리로요?"

화성의 등재 유보가 결정된 지 이틀 뒤, 유네스코 이사회가 열리고 있는 프랑스 파리로 유네스코 이사들을 만나기 위해 가기로 한 거예요. 수원 시장과 수원 시청 문화 팀장, 그리고 연합뉴스 기자, 단 세 사람이 가기로 했습니다.

"화성성역의궤와 우리 전통문화의 상징인 방패연을 가지고 갑시다."

"그런데 통역은 누구를?"

"일단 가 봅시다."

유창한 영어 실력과 함께 문화재에 대한 깊은 지식이 있는 사람을 급히 구하기가 힘들었습니다. 그렇다고 시간을 지체할 수도 없는 형편이었어요. 그런데 하늘이 도왔는지 파리에서 영어에 능통한 국제 박물관 전문가를 만나게 됩니다. 실바 교수 일행이 화성에 실사 왔을 때 통역했던 사람인데 프랑스 여행을 왔다가 우연히 파리에서 시장 일행을 만나게 된 것입니다.

"여행은 나중에 하시고 화성을 유네스코 세계 문화유산에 등재시키는 일을 도와주세요."

"물론 그래야지요."

이분이 국제기념물유적협회 조정관을 만나 이사회 7개국의 심의 위원들과 면담 날짜를 잡았어요. 수원시 방문단은 호주, 일본, 독일의 심사 위원과 차례로 면담을 했습니다.

"유네스코 등재가 미뤄졌다는 소식을 듣자마자 파리로 날아왔습니다. 화성이 등재될 수 있도록 도와주십시오."

수원 시장의 말에 심사 위원들은 감동했어요.

"열정이 대단합니다."

그런데 유네스코 집행 위원들은 등재되기 어려운 점을 다시 한 번 강조해 설명했어요.

"화성의 문화적 가치는 인정하지만 성곽 바로 옆에 사는 사람들이 많다는 것이 문제가 됐습니다. 그것은 한국 정부가 문화유산을 보호하겠다는 의지가 별로 없는 것 아닌가요?"

그 말에 수원 시장은 단호하게 대답했습니다.

"화성을 보호하기 위해 본격적인 정비 사업을 벌이겠습니다."

"가능하겠습니까?"

"물론입니다. 대한민국 정부와 수원시는 문화재 보호법, 도시 계획법에 따라 문화재 보호 구역을 지정하여 화성을 보호할 것입니다. 이후 화성 주변의 토지를 사들여 성곽 근처의 집들을 다른 지역으로 이주시키고 성곽과 주거 지역의 거리를 넓히겠습니다. 사들인 땅은 화성 관련 시설을 유치하는 데 사용하겠습니다."

유네스코 집행 위원들은 수원 시장이 제출한 화성 보호 관리 자료를 살펴본 뒤 오랫동안 회의했어요.

"지금 대한민국은 개발 열풍이 불고 있습니다. 문화재의 중요성보다 경제적 가치가 더 중요합니다. 일부 수원 시민들도 시장인 저에게 개발을 요구하고 있습니다. 시장인 제가 그 사람들의 요구를 받아들이지 않을 명분이 없습니다. 여러분이 화성을 세계 문화유산으로 등재하지 않으면!"

시장은 위원 한 사람 한 사람을 간절한 눈으로 바라봤습니다.

"저는 수원으로 돌아가 아름다운 화성을 허물 수밖에 없습니다."

심사 위원들이 서로를 돌아봤습니다.

"그렇게 되면 수원 화성은 바로 여러분이 무너뜨리는 겁니다."

수원 시장은 이렇게 애교 섞인 협박도 했어요.

1997년 12월 6일, 마침내 화성의 세계 문화유산 등재가 결정됐습니다.

"대한민국 수원에 있는 화성을 세계 문화유산으로 지정합니다!"

당시 세계 문화유산 협약에 가입한 나라는 151개국이었고 우리나라는 1988년에 가입한 상태였습니다. 세계 문화유산은 가입국의 문화유산 중에서 인류 전체를 위해 보호해야 할 중요하고 보편적인 가치가 있다고 인정해 유네스코 세계 문화유산 일람표에 등록한 문화유산을 말합니다.

최후의 필살기,
의궤

　화성이 유네스코 세계 문화유산으로 등재되는 과정에서 가장 중요한 역할을 한 것이 《화성성역의궤》였다는 점을 이미 말했지요? 그럼 의궤란 무엇인지 간단히 살펴볼게요.

　의궤란 요즘으로 치면 국가적인 행사를 치른 후 그 기록을 정리한 보고서예요. 조선 시대에는 왕이나 왕세자의 혼인, 책봉, 장례, 사신 접대, 궁궐의 증축 같은 큰 행사를 치를 때 후대에 참고할 자료로 삼을 수 있도록 참여한 인원과 들어간 비용을 모두 정리해 남겼습니다. 의궤는 조선의 대표적인 기록 문화로 알려져 있지만 사실은 불교에서 유래한 것으로, 고려 시대에도 의궤라는 말이 있었대요. 조선을 건국하자마자

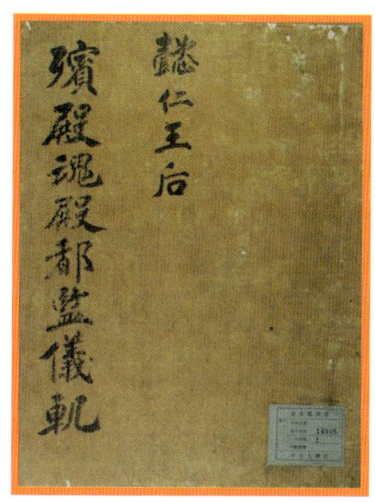
의인왕후 빈전혼전도감의궤

의궤를 만들었다는 기록이 있지만 이들 조선 초기의 의궤들은 임진왜란 때 모두 불타 버려서 지금은 존재하지 않아요. 병인양요 때 프랑스가 강화도에서 훔쳐 간 서적들도 대부분 의궤예요. 지금 현재는 1600년대 이후에 만들어진 의궤만 남아 있어요. 그중 가장 오래된 의궤는 1601년 선조 때 만든 《의인왕후 빈전혼전도감의궤》입니다.

　조선 후기에는 주로 행사를 진행하는 관청에서 의궤를 만들었는데 영조 때 가장 많은 의궤가 만들어졌습니다. 책을 보관하는 창고인 사고에 보관하는 의궤를 분상용 의궤라고 하고, 왕이 보기 위해 특별히 제작되는 것을 어람용 의궤라고 해요. 어람용 의궤는 겉모습부터 분상용 의궤보다 훨씬 고급스럽고 화려합니다.

《화성성역의궤》는 80만 냥의 돈을 들여 70만 명의 일꾼이 쌓은 화성 건설 공사의 종합 보고서라고 할 수 있지요. 화성을 쌓기 시작할 때부터 모든 것을 세세히 기록한 뒤 다 쌓은 직후인 1796년에 책으로 만들기 시작해 1801년에 10권 9책으로 완성했습니다.

화성의 설계도와 건축 과정, 임금의 명령과 신하의 보고, 들어간 돈, 일꾼들의 명단과 소속, 사용된 기구, 일 잘한 사람에게 내린 상 등에 대해서 자세하게 기록하고 있습니다. 인원이 너무 많아 단순 작업을 한 일꾼까지 이름을 써넣을 수는 없었지만 1,800여 명의 장인들 명단은 모두 나와 있어요. 석수, 목수, 니장(미장이), 와옹장(기와장이), 화공 등 직업별로 정리되어 있고 일한 날짜와 지급된 돈도 기록되어 있습니다. 행사에 사용된 밥 한 그릇, 간장 한 종지, 못 하나에 이르기까지 모든 내용이 계산되어 있습니다. 깔끔한 인쇄와 자세한 그림 자료들을 보노라면 200년 전 기록이 맞는지 감탄이 절로 나온답니다.

"김선한놈이 열흘 동안 동북공심돈 돌을 쌓고 두 냥을 받았다."

"박흑불이 두 달 동안 서장대 공사를 하고 열다섯 냥을 받았다."

기록도 기록이지만 의궤의 보관 역시 철저했어요. 행사가 끝나면 바로 의궤 작업에 들어가서 이른 시일 내에 완성해야 했지요. 의궤가 완성되면 관련 기관에 나눠 주어 이후 행사에 참고하게 하고 나머지는 보관소로 보냈습니다. 우리가 지금 수백 년 전의 의궤를 볼 수 있는 것은 이렇게 철저히 보관했기 때문입니다. 《화성성역의궤》는 2007년 세계 기록 유산 국제 자문 위원회에서 세계 기록 유산으로 결정되기도 했습니다.

그러던 중 2008년 프랑스에서 《뎡니의궤(정리의궤)》라는 책의 존재가 알려졌습니다. 프랑스 국립 도서관이 가지고 있던 책 한 권과 프랑스 국립 동양어대학 언어문명도서관이 가지고 있던 책 열두 권을 발견하게 된 것입니다. 이 책은 국내 최초의 한글로 된 의궤로 밝혀졌어요. 순조 때 편찬된 한글 의궤보다 30년이나 앞선 것으로 최초의 한글 의궤인 것입니다. 《정리의궤》는 총 48권으로 만들어졌다고 첫 권에 기록되어 있는데 그중 열세 권만 발견되었습니다.

특히 프랑스 국립 도서관에서 보관하고 있는 《정리의궤》는 화성 건축물의 그림에 색을 칠한 것으로 도화서 화원들이 왕을 위해 직접 그린 어람용 의궤로 짐작됩니다. 금속 활자와 목판을 이용한 것이 아니라 한글을 직접 손으로 쓴 필사본이며, 우리나라에는 전혀 남아 있지 않던 하나밖에 없는 판본으로 역사적 가치가 매우 높습니다. 1796년과 1797년 정조의 현륭원 행차와 화성을 쌓는 과정, 혜경궁 홍씨의 회갑연 등의 내용이 시간 순서대로 세세하게 기록되어 있습니다. 1797년 정조의 명에 따라 어머니 혜경궁 홍씨를 위하여 한글로 만들어진 것으로 짐작됩니다.

정조는 부모에 대한 효심이 정말 대단했습니다. 정조의 어머니 혜경궁 홍씨는 남편인 사도 세자가 일찍 죽는 바람에 결국 왕비가 되지 못했어요. 왕의 어머니이면서도 왕비가 되지 못한 어머니에 대한 안타까움 때문에 정조는 늘 마음이 아팠을 겁니다.

《정리의궤》에는 봉수당도, 장락당도, 유여택도, 동장대시열도 등 그동안의 책에는 없었던 그림이 열 점이나 들어 있어요. 정조가 화성에서 군사들 훈련을 시찰하는 모습을 그린 '동장대시열도'에는 신하들에 둘러싸인 임금과 격구를 하는 군사들이 자세히 그려져 있고 한글로 설명이 붙어 있습니다. 화성의 경치와 시설도 아름다운 색으로 묘사되어 있어요. 모든 것을 꼼꼼하게 기록한 우리 조상들, 정말 대단하지요? 《정리의궤》의 내용을 살펴보니 그동안 복원한 화성의 건축물 중에 원래 자리가 아닌 다른 곳에 복원된 곳이 확인되기도 했습니다. 대표적인 곳이 성신사입니다.

성신사는 화성을 다 쌓고 난 뒤 신들에게 제사를 지내기 위해 지어진 곳입니다. 정조는 화성 성역 공사가 마무리되자 화성을 지키는 신을 모시는 성신사를 지으라고 특별 지시를

화성을 지켜 주는 신을 모신 성신사

내렸어요. 수원을 바다처럼 평안하고 강물처럼 맑게 해 달라는 축문을 지어 내리기도 했습니다. 팔달산 중턱 서장대 아래 병풍바위 밑에 있다고 기록되어 있는데 일제 강점기 때 파괴되어 흔적을 찾을 수 없었습니다. 이후 화성연구회의 노력으로 2009년 복원되었는데 그때 원래의 위치에서 몇 미터 떨어진 곳에 복원하게 되었습니다. 이러한 사실은 《정리의궤》의 발견으로 새로 알게 된 것이 아니라 복원 당시에도 알고 있었습니다. 이미 산책로나 다른 시설로 이용되고 있어서 부득이

다른 자리에 짓고 원래의 터에 안내 표지판을 설치했던 것인데 《정리의궤》로 다시 한번 확인하게 된 것입니다. 또 지금처럼 입구에 문이 세 개가 아니라 하나만 있었고, 담장도 토담이 아닌 돌담이었다는 게 확인되었어요.

   이 밖에도 신풍루, 봉수당 등 20여 곳이 《화성성역의궤》와도 다르게 나와 있어 깊이 있는 고증이 필요하다는 지적이 나오기도 했습니다.

   그렇다면 이 《정리의궤》들은 어떻게 프랑스 도서관에 보관되어 있었던 것일까요? 우리 것이니 되가지고 올 수 있을까요? 1887년 한국의 첫 번째 프랑스 외교관이었던 빅토르 콜랭 드 플랑시라는 사람이 조선에서 수집한 것을 자기 나라로 가져가 보관하다가 일부는 대학에 기증하고 일부는 경매를 통해 도서관에 넘어간 것으로 알려져 있습니다. 안타깝지만 강제로 빼앗아 간 것이 아닌 이상 반환해 달라고 할 수도 없는 문제입니다. 지금 현재는 프랑스 측의 협조를 얻어 영인본 형태로 만들어 수원화성박물관에 전시하고 있습니다.

화성이
세계 문화유산이 된 이유

유네스코 위원들은 화성을 실제로 와서 보고 판단했어요.

"마추픽추처럼 오래된 것도 아니고 만리장성처럼 규모가 웅장한 것도 아니고 만들었을 때 모습 그대로 보존된 것도 아니니 곤란합니다."

그러나 사흘 동안 화성을 꼼꼼히 살펴본 유네스코 위원들은 화성을 세계 문화유산으로 등재하는 것에 긍정적이었습니다. 중간에 우여곡절이 있었지만 결국 등재되었고요.

유네스코 위원 중 한 사람인 스리랑카의 실바 교수는 화성이 세계 문화유산으로 등재될 수 있었던 이유를 네 가지로 발표했습니다.

첫째, 화성은 18세기에 만들어진 수많은 동서양의 성곽 중에서 가장 우수하다는 점입니다. 똑같은 건축물이 하나도 없을 만큼 각각의 건축물이 개성 있게 만들어졌습니다. 중국, 일본도 그렇고 유럽의 대다수 나라도 많은 성을 쌓았습니다. 그 많은 성 중에서 화성이 가장 우수하다는 것이 유네스코의 결정이었다니 대단하지 않나요?

　둘째, 화성이 군사 시설물임에도 불구하고 매우 아름답다는 점입니다. 200여 년 전 화성을 쌓을 때 우리 조상들은 땅의 생김새와 성곽의 기능에 따라 모든 건물을 각기 독특한

화성의 특이한 건축물 중 하나인 봉돈

형태로 만들었던 거예요. 정조는 화성을 쌓을 때 이렇게 말했습니다.

"미려함은 적에게 두려움을 준다."

미려함, 즉 아름답고 고운 것이 적을 두렵게 한다니, 무슨 뜻일까요? 똑같은 시대, 똑같은 조건에서 더 아름답고 화려하게 만들 수 있는 것은 엄청난 힘이 있어야 가능합니다. 그렇기에 그런 사람은 상대방이 두려워할 수밖에 없다는 말입니다. 놀랍지요? 화성의 유네스코 등재로 정조의 예언이 맞았다고 볼 수 있어요. 화성의 건물들은 전 세계 어디에 내놓

아름다운 화성

아도 전혀 손색없는 우수하고 아름다운 건축물이라는 것을 유네스코가 확인해 준 것이니까요.

셋째는 여러분도 눈치챘겠지만 바로《화성성역의궤》입니다. 일제 강점기와 한국 전쟁 기간에 파괴된 화성을《화성성역의궤》대로 복원했기 때문에 등재될 수 있었던 것입니다. 화성 축성 전 과정을 기록한 이 책은 세계 기록 유산의 보배 중의 보배라고 할 수 있어요. 그래서《화성성역의궤》는 다른 조선 왕조 의궤와 더불어 2007년 7월 1일에 세계 기록 유산으로 등재되었답니다.《화성성역의궤》에는 왕의 명령, 관리들의 답

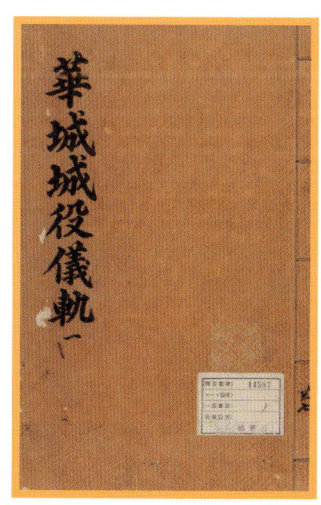

《화성성역의궤》

변, 축성 진행 과정 등과 함께 성을 쌓는 데 참여한 기술자와 일꾼들의 이름도 모두 기록되어 있습니다. 이들이 받은 품삯도 적어 놓았고 성곽과 건물을 만드는 데 든 재료의 출처와 이동 경로 등도 아주 세밀하게 기록되어 있지요. 모든 시설물의 도면과 구조에 대해 자세히 적혀 있는 것은 물론이고요. 이 기록을 토대로 복원했기 때문에 화성은 사실 200여 년 전의 모습과 다름이 없는 것입니다.

마지막으로 화성이 세계 문화유산이 된 것은 백성을 사랑하는 정조의 애민 정신이 담겨 있기 때문입니다. 화성은 둥글고 매끈한 형태가 아니라 나뭇잎 잎테두리처럼 구불구불합니다. 원래 정약용은 화성을 4킬로미터로 설계했어요. 그런데 5.74킬로미터로 늘어나게 된 이유는 무엇일까요?

"성곽을 쌓을 터에 살고 있는 백성들의 집을 허물지 말도록 하라. 그들은 화산에 살던 백성들이 대부분이다. 나의 아버지 사도 세자의 능을 만드느라 이곳으로 이사했는데 또다시 성을 만든다고 다른 곳으로 쫓아내면 어떻게 되겠는가!"

물론 사도 세자의 능을 만드느라 이사를 해야 했을 때도 정조는 그곳에 살던 백성들에게 적절한 보상을 해 주었어요.

수원 화성 안에 팔도의 부자들을 좋은 조건으로 불러들여 시장을 형성했어요. 그들이 기와집을 지을 때 혜택을 많이 주기도 했습니다. 그런데도 정조는 이사한 지 몇 년 안 되는 백성들이 또 이사해야 하는 고통을 받게 할 수 없다며 집을 허물지 않기 위해 성을 구불구불하게 쌓은 거예요. 시작부터 백성을 사랑했던 정조의 마음을 알 수 있지요?

  정조가 화성을 만든 근본적인 이유는 바로 백성들의 삶을 발전시키려 한 위민 정신에서 나온 것입니다. 그런 점을 먼 훗날 다른 나라 사람들도 느꼈다니 진실한 마음은 시간과 장소를 뛰어넘어 서로 통한다는 생각이 듭니다.

천년만년
길이 빛날 화성

《화성성역의궤》 덕분에 천년 뒤에도 만년 뒤에도 정조 당시와 똑같은 성을 쌓을 수 있다고 했지요? 그럼 화성에서 가장 아름다운 곳은 어디일까요? 각자 자기 마음이라고요? 맞아요. 화성에서 가장 좋아하는 곳을 꼽으라고 한다면 아마 각자 다른 곳을 말할 거예요. 그러니까 직접 가서 보는 것이 제일 좋겠지요.

이 책을 쓰면서 화성을 여러 번 찾아갔습니다. 학교 다닐 때와는 전혀 다른 모습이었지요. 화성을 찾아갈 친구들에게 이곳만은 꼭 가라고 알려 주고 싶은 곳 몇 군데를 소개할게요. 그러니까 '이창숙 작가가 사랑하는 화성 8경' 정도로 해 두면 좋겠네요. 장안문과 팔달문은 웅장하고 아름답기로 소문이 나 있고 화성에 간 사람은 대부분 찾아갈 테니까 빼고요.

◈ 화성 장대(서장대)

장대란 주변을 감시하고 군사들을 지휘할 목적으로 설치된 곳입니다. 수원 화성에는 두 곳의 장대가 있는데 서쪽에 있는 장대를 서장대, 동쪽에 있는 장대를 동장대라고 부릅니다. 동장대는 다른 말로 연무대라고 하고 서장대는 화성 장대라고 해요. 동장대와 달리 서장대는 팔달산 꼭대기에 있어요. 정조는 화성을 완공한 직후 직접 야간에 서장대에 올라 군사 6,000명을 지휘했습니다.

물론 이제 이곳에서는 군사 훈련을 하지 않아요. 병사들이 훈련하는 모습은 볼 수 없지만 대신 수원 화성과 수원 시내를 한눈에 볼 수 있는 가장 멋진 전망대가 되었지요. 눈으로 성 안팎 백 리를 볼 수 있는 곳입니다. 맑은 날에는 멀리 서해가 보이고 관악산도 보일 정도예요. 이렇게 높은 곳에 있기 때문에 해돋이를 보러 오는 사람들이 많아요. 수원시는 해마다 12월 31일에 화성 행궁 광장과 여민각에서 콘서트를 열고 자정에는 타종 행사를 합니다. 행사를 보고 서장대에 올라 새해를 설계하는 가족들이 점점 늘어나고 있지요. 서장대에서 바라보는 일출과 일몰은 그 어느 곳보다 아름다워 말로 표현하기 어려울 정도입니다. 서장대 바로 옆에는 서노대가 있어요. 노대란 다연발 활을 쏠 수 있도록 만든 장치입니다. 그러니까 서노대는 서장대를 지키는 무기고라고 볼 수 있지요.

화성을 한눈에 볼 수 있는
서장대

◈ 화홍문, 방화수류정, 용연

　화홍문은 화성에 있는 북쪽 수문이라 북수문이라고도 부릅니다. 수원 시내를 남북으로 흐르는 버드내는 홍수로 넘치는 경우가 많았어요. 그래서 성곽을 쌓을 때 수문을 남북에 각각 한 개씩 만들었습니다. 화홍문은 일제 강점기도 견디고 전쟁도 견디고 거의 원형대로 보존된 곳이기도 해요. 물론 화성에서 가장 아름답기로 소문난 곳이기도 합니다. 처음에 문화제 이름을 화홍문화제라고 한 것만 봐도 알 수 있지요?

아름다움과 실용성을 갖춘
화홍문

빼어난 경관이 일품인
방화수류정

용의 전설을 간직하고 있는
용연

화홍문은 전쟁에 대비해 여러 가지 방어 시설을 갖추고 개천이 넘치지 않도록 물길을 조정하는 구실을 합니다. 주변 경치가 아름다워서 군사적, 기술적인 부분 말고도 미적인 면에서 한국 최고의 건축물이라고 할 수 있어요. 다른 계절도 좋지만 특히 여름에는 콸콸 흘러내리는 물소리만 들어도 가슴이 뻥 뚫리는 것 같답니다. 화홍문의 '홍' 자는 무지개라는 뜻이에요. 해가 떠 있을 때 정면에서 화홍문을 바라보면 항상 무지개가 보인대요. 사실인지 아닌지 한번 가서 확인해 보면 좋겠죠?

화홍문 옆 방화수류정에 오르면 시원한 바람이 솔솔 불어오고 밑을 바라보면 아름다운 용의 모습을 한 연못, 용연이 보일 거예요. 연못가에 돗자리를 펴고 한가롭게 쉬고 있는 사람들을 보노라면 신선이 따로 없다는 생각이 들지요. 용연에서 방화수류정을 올려다보면 감탄사가 절로 나온답니다. 경치가 기가 막히죠. 그렇게 어울리기도 쉽지 않을 거예요.

◈ 화성 행궁

2020년에 완전히 복원될 예정인 화성 행궁은 더 이상 말이 필요 없을 만큼 중요하고도 가치가 있는 곳이지요. 정조가 현륭원에 행차할 때 사용하던 궁으로 그 어느 행궁보다 크고 웅장하여 경복궁에 버금가는 궁이라는 말까지 있었대요.

화성 행궁의 정문인 신풍루 앞에서는 주말마다 공연이 펼쳐지고 있어요. 신명 나는 풍물놀이와 장용영 군사들의 군례 의식, 정조와 혜경궁 홍씨로 분장한 사람이 시민을 만나는 장용영 수위 의식도 진행된다니 구경하면 좋겠지요? 신풍루를 비롯해 혜경궁 홍씨의 회갑연인 진찬례를 했던 봉수당,

경복궁에 버금가는
화성 행궁

정조의 초상화를 모셔 놓았던 화령전, '늙어서 한가하게 쉴 정자'라는 뜻의 미로한정. 계절마다 나름대로 아름답지만 특히 눈 덮인 겨울 행궁은 굉장히 품위가 있어 보인답니다. 팔달산이 병풍처럼 펼쳐져 있고 앞으로는 수원 시내가 보이지요. 참, 신풍루 앞에 가면 커다란 느티나무 세 그루가 눈에 띌 거예요. 영의정, 좌의정, 우의정 삼정승이 이 나무 아래에서 어진 사람을 만나 올바른 정치를 베풀라는 의미로 어떤 모양으로 심겨 있대요. 한자인데 무슨 글자일까요? 알아맞혀 보세요.

◈ 화양루

화성 장대에서 팔달산 능선을 따라 남쪽으로 가면 서암문과 서포루, 서남치, 서남암문이 차례로 나타납니다. 서남암문 밖으로 나가면 용도라는 골목길이 나타나는데 그 끝에 서남각루, 즉 서남쪽에 있는 누각인 화양루가 나와요. 원래 정약용의 설계에는 용도와 화양루는 없었어요. 그런데 뾰족하게 긴 높은 지역을 놔두고 성을 쌓았을 때 적이 그 길로 올라와 몰래 담을 타고 들어와 서장대로 가서 화성 행궁을 공격할 수도 있다는 사실을 나중에야 깨닫게 된 거예요. 성을 더 연장해 쌓지 않고 좁은 골목길 양쪽으로 담을 쌓고 그 끝에 누각을 세워 적을 감시할 수 있게 만든 합리적인 군사 시설이 바로 용도입니다. 훈련에 지친 군사들이 이곳에서 휴식을 취하기도 했지요. 용도 양쪽으로는 소나무가 울창해서 바람이 불면 솔향이 기분을 상쾌하게 해 줍니다. 화성 성곽 중에 가장 조용하고 오붓한 길이라고 할 수 있지요.

화성의 최남단 방어 시설인
화양루

◆ **연무대**

　동쪽에 있는 장대인 연무대는 창룡문과 북쪽 화홍문 사이 높은 언덕에 있어요. 사방이 트여 있어 성안을 살펴보기 좋은 군사 요충지입니다. 연무대는 화성에 주둔하던 장용영 병사들의 훈련장이었어요. 연무대 넓은 잔디 광장은 현재 국궁 체험장으로 누구나 활을 쏘아 볼 수 있는 장소가 되었습니다. 연무대에는 화성 어차가 있는데 연무대에서 화홍문을 거

장용영 병사들의 훈련장이던
연무대

황제의 자동차와 왕의 가마가 만난 관광용 화성 어차

셔 화서문, 팔달산, 화성 행궁, 팔날문(선봉 시상), 수원화성박물관(통닭거리)을 돌아 다시 연무대로 오는 열차랍니다. 몸이 불편하거나 나이가 많은 어른들도 화성 어차를 타면 화성을 모두 돌아볼 수 있겠지요?

◈ 만석거와 영화정

 만석거와 영화정은 백성을 사랑하는 정조의 마음을 잘 나타내 주는 인공 호수와 정자예요. 이곳을 보고 시간이 나면 가까운 거리에 있는 해우재에 들러도 좋아요. 화성을 유네스코 세계 문화유산으로 만드는 데 온 힘을 다했던 심재덕 시장이 자신의 집을 기증해서 만든 똥 박물관이에요. 똥 박물관이라니 궁금하지요? 그리고 또 그 근처에는 정조가 아버지 무덤에서 멀어질수록 아쉬워서 걸음이 느려졌다는 지지대 고개가 있어요.

정조의 마음이 담긴
영화정

똥 박물관이라 불리는 해우재

◈ 수원의 박물관들

2009년 문을 연 수원화성박물관은 수원 화성의 한가운데 있어 찾아가기 편리해요. 많은 유물을 전시하고 있어 화성을 쌓을 당시의 상황을 이해하기 쉽답니다.

수원화성박물관에는 화성 축성실과 화성 문화실이 있는데 축성에 참여한 인물들, 정조의 8일간의 행차, 화성에 주둔했던 군대인 장용영의 모습을 보여 주고 초대 화성 유수이자

수원광교박물관

수원화성박물관

수원박물관

총리대신이었던 채제공의 초상화를 비롯해 많은 유물과 정조의 비밀 편지 등이 전시되어 있어요. 그리고 야외에는 화성을 쌓을 때 사용한 거중기와 녹로, 유형거 등의 과학 기기가 전시되어 있습니다. 수원박물관과 수원광교박물관은 수원화성박물관보다 조금 늦게 만들어졌어요.

수원박물관은 수원역사박물관과 한국서예박물관 두 개로 이루어져 있어요. 수원광교박물관은 광교 신도시 개발 지역에서 발굴된 선사 시대부터 근현대의 유물을 전시하며 수원화성을 유네스코에 등재시키는 데 큰 공을 세운 이종학의 기증 유물 등이 전시되어 있습니다. 세 개의 박물관은 서로 다른 특징이 있는데 수원과 화성에 대한 자료는 서로 공유하고 있습니다.

◈ 융건릉

사도 세자와 헌경 왕후를 모신 융릉과 정조와 효의 왕후를 모신 건릉을 합쳐 융건릉이라고 합니다. 수원 화성과 거리는

사도 세자와 헌경 왕후를 모신
융릉

정조와 효의 왕후를 모신
건릉

정조의 효심이 깃든 용주사

떨어져 있지만 직접적인 관련이 있는 곳이라고 할 수 있지요. 화성에 갈 기회가 된다면 시간을 내서 꼭 융건릉에도 가 보면 좋겠습니다.

사도 세자는 여러분도 알고 있듯이 아버지 영조에 의해 뒤주에 갇혀 죽게 돼요. 사도 세자가 죽임을 당하기까지의 상황은 아주 복잡합니다. 간단히 말할 수 없는 일들이 얽혀 있는데 당파 싸움이라고 하지요. 정조는 왕이 된 후 당파 싸움을 없애기 위해 탕평책을 펼치고 새로운 세력을 등용하면서 한

편으로는 왕권을 강화하기 위해 화성을 쌓게 된 거예요. 아버지의 죽음에 억울한 마음이 있었기 때문에 정조는 즉위하자마자 대신들 앞에서 이렇게 말했답니다.

"나는 사도 세자의 아들이다!"

아버지가 죄인으로 죽었기 때문에 정조는 왕이 될 수 없었어요. 그래서 큰아버지의 양자로 입양된 뒤 비로소 왕이 될 수 있었지요. 그런데 즉위한 첫날 자신은 사도 세자의 아들이라고 당당하게 밝힌 것입니다. 그리고 사도 세자의 능을 수원 근처 화산으로 옮기고 융릉이라고 이름 지었습니다. 아버지가 있는 융릉과 아들이 있는 건릉을 잇는 길은 우리나라에서 손꼽히는 아름다운 길이기도 합니다. 그곳을 걷노라면 젊은 사도 세자와 어린 정조가 웃으며 나란히 걸어가고 있는 것 같은 환상이 떠올라 눈시울이 뜨거워지곤 해요.

여러분도 화성에 다녀와서 자신만의 화성 8경을 꼽아 보면 좋겠습니다. 화성을 걷다 보면 언젠가 정조 대왕의 발자국 위에 여러분의 발자국이 겹쳐질 때도 있겠지요?

완전 복원의 길

　수원 화성이 유네스코 세계 문화유산으로 등재되었으니 그 후로는 복원이 순조롭게 되었을까요? 그렇지 않습니다. 그 뒤로도 많은 어려움이 있었습니다.

　유네스코 세계 문화유산은 한번 등재되었다고 끝이 아닙니다. 5년마다 관리와 보존에 문제가 있는지 다시 조사합니다. 만약 문제가 있다고 결론이 나면 등록을 취소하는 절차에 들어갑니다. 그래서 수원 화성과 행궁에 대해 시민이 관심을 두고 복원과 보존에 힘써야 합니다. 화성을 포함해 세계 문화유산에 등재된 문화재들의 보호를 위한 특별법도 제정되어야 합니다.

이 글을 쓰면서 화성에 대해 많은 것을 배우고 느꼈습니다. 그동안 화성에 대해 너무 몰랐다는 생각이 들었습니다. 화성을 복원하고 지키기 위해 오랫동안 열정을 바쳐 노력했던 수원 시민들이 많았다는 사실도 알게 되었습니다. 그것은 단지 건물이나 궁궐, 성곽을 복원하는 것에 그치는 것이 아니겠지요. 우리가 사랑하고 존경하는 정조 대왕의 정신을 되살리고 싶은 마음 때문일 겁니다.

이 책을 쓰는 동안 많은 분들과 기관의 도움을 받았습니다. 《화성 소년 장비》를 쓸 때부터 도움을 주셨던 해우재 똥 박물관 이원형 관장님, 1975년 화성 복원 공사를 맡았던 삼아성건축사무소의 장순용 선생님, 화성 사업소의 오선화 선생님, 화홍문화제 정조 대왕 능행차를 최초 시연하신 이홍구 선생님, 수원화성박물관, 수원광교박물관, 수원박물관, 그리고 수원시 포토뱅크의 사진을 사용할 수 있게 허락해 주신 수원시에 감사드립니다.

화성 항공 사진

사진 출처

12-13쪽	화서문_수원화성박물관
13쪽	화성 성곽_수원화성박물관
14쪽	창룡문, 화홍문_수원화성박물관
15쪽	화성 행궁_수원화성박물관
19쪽	동북공심돈, 봉돈, 장안문, 창룡문_수원화성박물관
22쪽	화성 행궁 전도_서울대학교 규장각
24쪽	봉수당, 자혜의원_경기도의료원
25쪽	수원공립보통학교_국립민속박물관
	낙남헌_화성길라잡이
26쪽	팔달문(위)_수원화성박물관
	팔달문(아래)_국립중앙박물관
29쪽	화홍문_수원박물관
30쪽	화성 장대_수원박물관
32쪽	장안문_삼아성건축사무소
	화성 장대_수원박물관
	동북공심돈_수원박물관
	성벽_수원화박물관
33쪽	장안문_수원화성박물관
34쪽	서문아파트_삼아성건축사무소
38쪽	1원권 지폐_수원박물관
40쪽	화성_삼아성건축사무소
41쪽	수리 도면_삼아성건축사무소
42-43쪽	화성 복원_삼아성건축사무소
42쪽	복원한 북수문_수원시 포토뱅크
43쪽	복원한 서북각루, 동북공심돈, 북포루, 치성_수원시 포토뱅크
46쪽	성곽 주변의 집들_삼아성건축사무소
49쪽	화홍문화제_수원시사편찬위원회
51쪽	수원화성문화제_수원시
52쪽	능 행차 시연_수원시
55쪽	화성행궁도_서울대학교 규장각
57쪽	수원의료원_수원시

60쪽	화성 행궁 터 발굴 현장_수원시 포토뱅크
63쪽	만석거_수원시 포토뱅크
65쪽	영화정_수원시 포토뱅크
66쪽	서호, 항미정_수원박물관
68쪽	만년제_수원시 포토뱅크
71쪽	버드내_수원화성박물곤
75쪽	수원천_수원시 포토뱅크
78쪽	팔달산_수원시 포토뱅크
84쪽	한국수산지_한국학중앙연구원
85쪽	수원성_국립민속박물관
87쪽	화성전도_국립중앙박물관
99쪽	인현왕후 빈전혼전도감의궤_서울대학교 규장각
104쪽	성신사_수원시 포토뱅크
107쪽	봉돈_수원시 포토뱅크
108쪽	화성_수원시 포토뱅크
109쪽	화성성역의궤_국립고궁박물관
117쪽	서장대_수원시 포토뱅크
118쪽	화홍문_수원시 포토뱅크
119쪽	방화수류정, 용연_수원시 포토뱅크
121쪽	화성 행궁_수원시 포토뱅크
123쪽	화양류_수원시 포토뱅크
124쪽	연무대_수원시 포토뱅크
125쪽	화성 어차_수원시 포토뱅크
126쪽	영화정_수원시 포토뱅크
127쪽	해우재_해우재
128쪽	수원광교박물관, 수원화성박물관, 수원박물관
130쪽	융릉, 건릉_수원시 포토뱅크
131쪽	용주사_수원시 포토뱅크
135쪽	수원시 포토뱅크
136-137쪽	수원시 포토뱅크

현북스는 이책에 실린 사진의 출처를 찾기 위해 최선을 다했습니다.
누락이나 착오가 있다면 다음 쇄에서 반드시 고치겠습니다.

왜 천천히 읽기를 해야 하는가?

'천천히 읽는 책'은 그동안 역사, 과학, 문학, 교육, 지리, 예술, 인물, 여행을 비롯해 다양한 주제와 소재를 다양한 방식으로 펴냈습니다. 왜 천천히 읽자고 하는지 궁금해하는 독자들이 있어서 몇 가지를 밝혀 둡니다.

- '천천히 읽는 책'은 말 그대로 독서 운동에서 '천천히 읽기'를 살리자는 마음을 담았습니다. 천천히 읽기는 '천천히 넓고 깊게 생각하면서 길게 읽자'는 독서 운동입니다.

- 독서 초기에는 쉽고 가벼운 책을 재미있게 읽을 수 있는 방법으로 시작해야겠지요. 그러나 독서에 계속 취미를 붙이기 위해서는 그 단계를 넘어서 책을 깊이 있게 긴 숨으로 읽는 즐거움을 느낄 수 있어야 합니다. 그래야 문해력이 발달합니다.

- 문해력이 발달하는 인지 발달 단계는 대체로 10세에서 15세 사이에 시작합니다. 음식을 천천히 씹으면서 맛을 음미하듯이 조금 어려운 책을 천천히 되씹어 읽으면서 지식을 넘어 새로운 지혜를 깨달을 수 있습니다.

- 독서 방법에는 다독, 정독, 심독이 있습니다. 천천히 읽기는 정독과 심독에서 꼭 필요한 독서 방법입니다. 빨리 많이 읽기는 지식을 엉성하게 쌓아 두기에 그칩니다. 지식을 내 것으로 소화하기 위해서는 정독이 필요하고, 지식을 넘어 지혜로 만들기 위해서는 심독이 필요합니다.

- 어린이들한테는 쉽고 가볍고 알록달록한 책만 주어야 한다고 생각하는 어른들이 있습니다. 그러나 독서력이 높은 아이들은 어렵고 딱딱한 책도 독서력이 낮은 어른들보다 잘 읽습니다. 그런 기쁨을 충족하지 못할 때 반대로 문해력도 발달하지 못하면서 책과 멀어지게 됩니다.

'천천히 읽는 책'은 독서력을 어느 정도 갖춘 10세 이상 어린이부터 청소년과 어른까지 읽는 책들입니다. 어린이, 청소년과 어른들(교사와 학부모)이 함께 천천히 읽으면서 이야기를 나눌 수 있는 읽기 자료가 되기를 바라는 마음에서 만들고 있습니다.